思想觀念的帶動者

文化現象的觀察者

本土經驗的整理者

生命故事的關懷者

心靈工坊 PsyGarden
Caring 078

生命長河，如夢如風
猶如一段逆向的歷程
一個掙扎的故事，一種反差的存在
留下探索的紀錄與軌跡

希望這本書
能使我女兒的世代
認識前輩女性的付出和努力
並對現在享有的平權
心存感激

——策劃人　廖英智

台灣婚暴服務初啓時

波瀾與細流

波瀾與細流

台灣婚暴服務初啓時

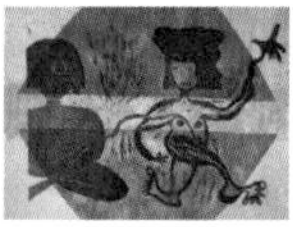

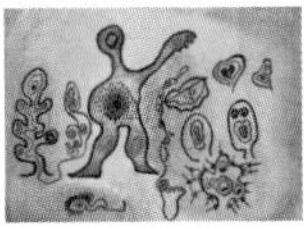

【序】

注入新的能量

小奈

細細咀嚼這本書的每一個文字，這些文字在我內心產生強烈的震撼感，有幾度眼淚差點奪眶而出。這份深深的感觸包含了對書中所有眞實故事主角的不捨，以及深深地感激當時婦援會婚暴組所有成員的熱血與渾然天成的正義感，「沒有你們，沒有我們！」感謝妳們和所有善心人士，不怕辛苦、不畏危險與困難地扮演這個社會的天使與正義使者，感謝妳們無私地用生命與愛來推翻兩性間的不平等、捍衛弱勢婦女的權益，在保守的父系社會裡，當個不畏耳語和危險的「開拓者」著實不易。

閱讀這些我們家也曾經發生的事件，勾起我自己生命經歷的回憶。十七年前，媽媽帶著我與妹妹們離家到婦援會去求助，幾個月之後父母離婚，媽媽獨自扶養我們三個孩子。剛開始生活很辛苦，我們曾經四個人一起合吃一顆黑糖饅頭，媽媽依然將自己的那一份留給了我們。媽媽爲了養育我們三姊妹，身兼兩份工作，日子雖然拮据，但是我們睡得安穩，不再擔驚受怕，而媽媽也給了我們滿滿正向能量的愛。記得小學四年級的體育課，老師說要帶「毽子」，媽媽親手幫我做了一個毽子，那是一條白手帕，裡頭包了一個五元的銅板，然後綁上橡皮筋……這個毽子長得和其他同學的很不一樣，但是我相當珍惜，因爲它充滿了媽媽的愛與智慧。

我的人生從國小四年級以後便沒有父親這個人物，在我和妹妹們的心中，「媽媽」是個身兼父職的「爸爸」。媽媽有男人的強壯，在她小小的個子背後有個勇敢強壯的靈魂，時時守護著我們；同時媽媽也擁有女人的溫柔和細膩，她以民主和明理的方式陪伴我們長大。而從小到大只要提起「爸爸」時，媽媽總是以溫柔的口吻說：「無論如何，爸爸是永遠的爸爸，妳們可以去陪爸爸吃個飯，或者時常撥個電話關心他。」我看到媽媽堅強、溫柔又善良的靈魂，媽媽的內心以德報怨的寬廣，那需要多大的智慧才能如此。

其實，在看這本書稿時，恰巧也是我心情正處於低潮的時候。我鼓起勇氣打電話給纓花阿姨，訴說我的狀況，她感覺到我小四的時候面對父母的家暴問題或許造成一些心結，建議我去做心理諮商，好好探索、清理。她說心靈也會受傷，需要有人幫忙，就像胃痛當然要尋找信任的醫生協助，然後胃痛就會慢慢好起來。與纓花阿姨談完之後，我覺得學習和自己的陰暗面共存，以及學習調節自己與內心對話，是生命裡好重要的課題。然後，我寫信給以前的諮商課的老師，她很關心我，給我的第一個處方籤是：每天做一件會讓自己覺得開心的事。老師說這是家庭作業。

在這裡和大家分享這個很棒的方法。我的第一次回家作業，從這裡開始：晚上下課回到宿舍，打開最喜歡的水氧機，加入喜歡的精油，播放最喜歡的木匠兄妹的歌〈Close to you〉，開始打掃「可怕的宿舍」。其實處女座的我是愛乾淨寶寶的，自從陷入低潮，房間卻慢慢變成凌亂的戰場。打掃完畢，房間變乾淨了，好像心理的雜質也淨化了一些，很喜歡這種平靜的感覺。每個人的方式不盡相同，但沒有關係，因爲只要順應著這個正向良好的感覺走，我知道這份感覺能帶我到內心深處與心對話。懂得與自己相處、了解自己是多麼重要的一件事。

整理房間時，發現水耕盆栽的葉子開始枯萎了，雖然整體外貌還是綠油油的，但是撥開葉子一看，根部都泛黃了。感覺現在的我就像這株植物，外表的葉子綠油油的，但撥開葉子往裡仔細一看，根莖的地方早已缺乏能量；如同平常大家看到的我，活潑積極，但是私下卻有一個沮喪、灰暗的我。原本想丟掉這植物，最後決定留下她。修剪後爲她加入了水，擺放在陽台等待明天的太陽。這還沒有完全枯萎的盆栽，以後如果我好好照顧，應該也能慢慢地爲她的根莖注入新的能量，讓葉子再度茂盛起來。修剪完植物，我的心情眞好。

尋求諮商老師協助之後，做了第一次的家庭作業，很高興自己的低潮沒有再往黑暗深淵墜落，我要努力去解開心中的結，就像這本書裡的婚暴婦女們浴火重生般勇敢地創造自己的新生命。我要學習這本書的助人的工作人員，在服務婦女的歷程中自己也成長，我要從自己的獨特生命中慢慢茁壯。

感謝這本書也爲我的生命注入一股新的能量。相信這本書的出版，能帶來更多的女性意識抬頭，並且會有更多的人願意付出時間或力量去保護與同理需要幫助的人。

註：

一九九八年初，小奈的媽媽因婚暴帶著三個女兒向婦援會求助，希望能夠離婚並且擁有三個孩子的監護權。小奈是大女兒，當時是小學四年級的孩子。婦援會義務律師賴淑玲接下這個訴訟案，打贏官司，小奈媽媽順利離婚並擁有孩子監護權，她獨立扶養三個女兒，她們都讀到大學。小奈主修幼兒教育，現今是優秀的幼教老師。

【序】

溫柔的反思

不為人知的一頁生命史

婦女救援基金會董事長　黃淑玲

展讀本書手稿時，我人在瑞典斯德哥爾摩做研究，每到一個政府機構做完訪談，對這個寡民小國就多一分佩服。瑞典國家價值觀強調平等、民主、人權與協商，被公認是地球上男女最平等、人民生活最均富、接受國際難民最多的國家。

但瑞典仍不是女性的完美烏托邦國度，二〇〇六年它才通過國家性別平等總目標——男女享有形塑與影響己身和社會的平等權力——規範所有政策都應致力於達成以下四項子目標：男女均享政治權力，均分經濟機會，均擔無償家務與照顧工作，以及擁有身體完整性的同等權力，因此男性對女性的暴力必須停止。瑞典法律界定性交易、人口販運和家庭暴力、性暴力等等都同屬男性暴力犯罪，都是違反女性人權，對女性造成嚴重傷害。瑞典女性主義者立場堅定，主張男性暴力與性別不平等權力的因果鏈必須斬斷。

台灣在一九九八年首開亞洲先鋒，實施〈家庭暴力防治法〉。然而十五個年頭過了，許多社工、警察、法官及檢察官仍將家暴歸咎於個人的本性與教養問題。婦女救援基金會是台灣第一個提供全國受暴婦女社工服務與法律諮詢的民間團體，一九九七年即開始。我們的社工人員與義務律師在無國法保護下，經常面對窮兇惡極的家暴男性威脅，仍能從受害婦女身上領悟出女性主義理念，堅決採取女性增能賦權的協助模式。她們的熱情、勇氣與理想傳承著婦援會草創時期，許多董事們衝鋒上陣，救援人口販賣受害女孩的精神。

本書回述這幾位工作人員勇於實踐理念的生命歷程，並帶出婦援會內部衝突與反思的一段事件，另外，台灣國家治理家庭暴力的歷史軌跡也可以在本書找到。書中描述多位家暴男性振振有詞施暴是行使丈夫權力，說明男人擁有女人的人身權這種不平等思想繼續鼓勵男性暴力。受暴婦女的故事則多驚心動魄，但清楚傳達了，她們要脫離魔掌，只有經濟救助與法律保護還不夠，更需要社工協助自我增能與賦權。爭取自由過程如此曲折艱辛，讀者閱讀到受害者終於展開新生時會禁不住喝采，也可能爲工作人員的勇氣過人，以及太多不爲人知的辛勞與付出而深深感動。

本書回述人溫柔道來，女性主義如何成爲她們人生不斷成長的動力。在鼓舞受暴婦女自我賦權的過程，她們從不識到認同，由排斥到實踐，女性主義不由自主地在心底萌芽與茁壯，終而滲透到她們的骨子裡。工作理念上堅持男女平等，不可避免地在親密關係中也要求兌現，更主張婦援會董事會也須在組織內部力行平權理念。

書中提及抗議年終考績一事的發生，似乎不可思議，但若從組織的角度思考是可以理解的。婦援會的每分錢都來自捐款人與納稅人的辛苦所得，董事會必須戒慎恐懼，提供人性化的工作環境及合理薪資與福利之外，亦需確保工作人員富有理想、熱情、認眞、負責、專業能力高、善於溝通且具有團隊精神等等的工作倫理。一九九〇年代的婦援會規模很小，爲了節省經費，董事長很辛苦，須直接參與日常業務，當執行長從缺時則身兼其職，工作人員也由董事直接督導。當婦援會規模逐漸增擴，執行單位人力增加，已改由執行長全權負責日常業務與考績事宜。工作人員的考績辦法亦經多方改善，力求合乎公益團體特性。

婦援會的宗旨是保障女性人權及促進男女平權，如果董事會罔顧平等理念，忽略工作人員的呼籲與抗議，的確需要被檢討，但這本書見證婦援會董事會具有高度的反思能力，無愧初衷。

婦援會是否是一個女性主義婦運團體？

婦援會很少公開強調女性主義，但女性主義的奮鬥目標始終在許多婦援會人身上發芽、發光，本書主角們證明女性主義者如此美麗溫柔、見義勇爲、好求眞理。婦援會如同台灣其他婦女團體，很樂意高舉女性主義的火炬，因爲我們相信這火炬可以激發受暴女性從生命谷底裡翻身，可以召喚無數女人起來改革社會，照亮台灣。

本書中以撰稿人纓花多年來的繪畫作品作爲六篇文章的串聯，她的作品核心價值是偏重女性主義藝術，表達女性的生命歷程、身體、愛情、情慾等主題，可說是刻畫女性生命實踐的創作，這種繪畫表現基調非常符合本書的主題——女性成長歷程，因此她提供多年來的版畫、色鉛筆、水彩畫的作品，讓圖像與文字一起烘托出書中所提及的女性爲自己生命爭取權益的珍貴歷程。

婦援會在一九八七年創立時，董事人數超過工作人員，今日規模已具有五十多位工作人員。如果沒有數十位的董事出錢出力，婦援會難以生存。然而我仍要強調，婦援會屬於台灣社會。我們的主要服務對象——包括台籍慰安婦、人口販運受害人、家暴婦女及其子女——才是婦援會存在的理由。而無數的捐款人、工作人員、義工、義務律師則是支撐婦援會的每根台柱，缺一不可。

長期以來，婦援會第一線的社工人員與義務律師的貢獻受到忽視。爲了彌補這項錯誤，廖英智董事積極促成出版本書。英智擔任過婦援會三屆董事長，創立婚暴服務專線，對婦援會有重大貢獻。本書就是爲了讓台灣社會知道，婦援會在〈家暴法〉實施之前，只靠著寥寥可數的工作人員與義務律師，由於她們堅持理念、認眞熱情、膽識過人，因而能夠跳脫社工專業自我侷限的保守窠臼，自行發展出女性賦權的服務模式。她們精采的這段生命歷程，爲婦援會再添一頁光榮燦爛的歷史，也是台灣家庭暴力防治史上不可忽視的、助人者與被助者熱血交融而令人動容的一章。

纓花

1963年 出生於台北市南港郊區鄉下
1985年 輔仁大學中國文學系畢業，擔任過廣告文案，自創家教班
台中救國團諮商中心專任張老師
1994年 移居台東，放肆生活，擔任台東劇團執秘
1997年 回到台北，擔任婦援會婚暴服務社工員
1999年 到中國昆明市雲南藝術學院進修版畫
2002年 再度移居台東，舒適自在活著，與友人合開「欲望空間」義式小餐廳
2006年 回到台北，擔任國科會研究助理
2010年 台灣藝術大學版畫藝術研究所畢業

不選擇婚姻
愛畫畫、愛寫文字、愛打太極拳、愛靜心

已獨立出版七本書：
《我是這樣的人》、《我是這樣的女人》、《一種想要同時擁有自由與親密的欲望》
《從自己生命的根部開花》、《裸—身體十年對話》、《愛的次序改變了》
《2012祖孫六人夢幻畫冊》

浴火重生

與婚姻受暴婦女一起飛翔

撰文／纓花

「妳是張老師？」
「對啊！」
「那以後有問題就可以找妳了囉。」
「嗯……」
當我從事張老師的工作時，許多剛認識的男性一知道我是張老師，大都會出現以上的對話。可是等我換成做婚姻暴力服務的社工員時，得到的回應卻完全相反。
「妳是做婚姻暴力的社工？」
「是啊！」
「要幫那些婦女打離婚官司嗎？」
「當然要。」
「這樣拆散人家的姻緣，不好吧？」
「會被打的姻緣需要持續嗎？」
「咦……」

來寫婦援會婚暴組的回憶

「張老師」、「婚暴社工員」都是助人的工作，也都是我喜愛的工作，然而「張老師」是個頗受社會認可的職業，而「婚暴社工」卻是毀譽參半的行業。尤其當我家人知道有時候我還要擔任婚暴婦女的離婚證人，簡直是難以接受，他們認為這是破壞人家姻緣的事情。

由於先前在台中張老師中心將近四年的工作歷練與成長，讓我得以走入宛如浴火重生的婚姻暴力服務工作。兩份工作都讓我的生命成長許多。「張老師」的諮商工作是在溫暖的氛圍中助人助己，像熬排骨湯一樣，小火慢慢燉煮，幾個小時之後終成一道味道鮮美的湯汁；而婚暴社工的工作可說是在驚心膽顫的歷程裡解決問題，倒像是快炒店熱火炒青菜，大火一開，十秒鐘就炒好一盤清脆好吃的空心菜了。

九〇年代是台灣婦女權利意識全面甦醒的大時代，當時大學校園女學生和職場女性被性騷擾、性侵害的事件層出不窮，各界婦女憤怒高漲，無法再忍耐了，終於，一九九四年五月二十二日，婦女新知、女學會與各大專院校的女研社，聯合其他支持團體，發動一場女人連線反性騷擾的大遊行。當時我正移居到後山台東過著自由自在的快樂生活，看著電視上遊行的女性激動地高喊著：「我要性高潮，不要性騷擾」、「你再性騷擾，我就動剪刀」，我的心受到很大的撼動，暗地許下諾言，希望自己有朝一日也能為台灣婦女貢獻一點心力。

三年後，因父親身體不適，我只好捨離台東美好的生活，回到台北。終於，一九九七年元月，進入台北婦女救援基金會擔任剛成立的婚姻暴力組的社工。我和工作人員卯足全力，一邊從事服務婚暴婦女的工作，一邊與婦女團體合力推動〈家暴法〉，又要到全國各地相關政府機構去演講倡議「婚暴、家暴不是家務事，而是性別不平等的事」。

為了遵行工作信念與生命實踐的一致性，也就是無論在工作上或生活上都充分實踐「平權」的理念，因此，除了在基金會內部要求實踐性別平等，回到家也要爭取性別平等。如此投入所有熱情，翻天覆地做了一年半，做到身心俱疲。有一天，上班途中在公車上看到百貨公司換季新櫥窗的裝置，我的心居然沒有半點感覺——我是個對「美感」很有感覺的人，喜歡欣賞藝術品，自己製作版畫，把百貨公司的櫥窗展覽視為「流行的裝置藝術」。重回台北都會生活，欣賞每季的百貨公司櫥窗裝置，是我在忙碌工作之餘重大的娛樂事件。所以，當我發現自己對百貨公司的當季最新櫥窗展出居然沒有任何感受時，當下很震驚，這表示我的生命能量已經燃燒殆盡了，婚暴社工這工作不能再做下去了。

一九九八年七月，我離職了。

在婦援會工作那一年半會搞得身心俱疲，是因為拼著命實踐性別平等的理念，毫不妥協地全方位爭取：在外面，帶著婚暴婦女向迫害者抗爭，聯合婦女團體向社會體制抗爭；在辦公室，跟著同仁向婦援會的董事們抗爭；下班時，向家族的男性抗爭、向男朋友抗爭。

雖然在婦援會工作得水深火熱，可是能與一群有共同信念的人熱情奮鬥，只有一句話：「拼得很爽！」這是我生命中一段很熱血的經歷，也是一段特別具有時代意義的工作。印象最深刻的，那時輔仁大學心理系的夏林清老師對我說過一句話：「妳們這一代的社工是很特別的社工。」爲了吸引我們去讀她們系上的研究所，還特准不考英文。我想，應該是當時民間婦女團體的社工員，工作態度積極、熱情，既是社工又要倡議婦女權益，既做直接服務又做婦女運動，打破傳統社工的工作模式，讓夏老師覺得我們這一代的社工很珍貴。

這段經歷除了有我個人生命與時代背景意義之外，還有一個很重要的婦女團體組織的意義。自小我就深刻感受男女不平等的情況存在，出社會工作無論是在社福機構還是藝術團體，只要有不平、不公的情況發生，我都會盡力發聲爭取，但是常常因爲同事或主管並不相挺，只有我一個人大聲疾呼，最後也必須讓步或妥協。然而在婦援會工作的經歷，我不再是孤軍奮鬥，所有同事都有相近的女性意識又認同平權的理念；又有一位女性主義學者的董事，她的行爲讓我見識到真的實踐女性主義的人存在。這份工作讓我真正可以全心地實踐平權的理念。更可貴的是整個基金會，董事會

年少「青」狂（銅版畫）

與工作人員都認眞努力熱血地做分內工作，沒有人想打混。爲何那時候我們在工作上可以全力以付地實踐婦女權益與平權的理念？只有一個理由「婦援會就是以爭取婦女權益爲目的的婦女團體組織」。因此，當工作人員向董事會爭取平權時發生許多衝突，董事會還是會很認眞地對待工作人員的意見。我認爲這種「機構內爭平權」的現象也只有在以實踐性別平等爲宗旨的婦女團體組織裡才會不斷地發生。因此，從時代背景、婦女團體組織與個人生命經歷等三方面的意義來說，這眞的是一段值得書寫紀念的回憶。

我一直把這段日子的經歷列爲個人寫作計畫之一，預計寫完家族史之後就動筆。二〇一二年十月，偶然機緣下，婦援會前婚暴組專責董事廖英智請我跟佩玲吃飯，席間他提起希望能將當時婚暴的工作歷程寫成書，讓社會大衆知道婚姻暴力服務是婦援會開始做的。他認爲把我與佩玲的經歷呈現出來，差不多就有七、八成面貌，勸我提前書寫在婦援會的婚暴服務經驗。近幾年來，我做事情不再像年少時那麼「我執」了，什麼事情都要求跟著自己的計畫走，現在比較會「隨緣而行」。想說既然機緣來了，那就提前寫吧！聽說知名作家九把刀總是同時進行好幾本書的創作，那我也來試看看同時進行兩部書的寫作。

“我有一個幸福美滿的家庭，一位深愛我的原住民男友，現在的我擁有滿滿的能量，想爲台灣婦女盡一點心力。”

「3+1工作坊」的夢想

一九八九年，我考上救國團專任張老師，可以自行挑選全國各地的張老師中心去工作。從小在台北出生、成長、就學，從沒到過其他縣市居住，趁著這機會便申請去彰化張老師中心。可是張老師總團部認爲我沒有義務張老師的經驗，也不是諮商輔導的相關科系畢業，認爲組織、人力都比較完整的台中張老師中心比較適合我。台中張老師的人都對我非常好，我也工作得非常愉快、充實。工作四年後，覺得自己很適合這類型工作，就一心想考諮商輔導研究所深入研究，便離職，回到台北全心準備考試。可惜未考取。三十歲的我，決定成爲「棄業青年」，開始在台北混，做盡學生時代沒錢可享受的「文藝活動」。

一九九四年，我移居台東，開心地放縱地，在東部的大自然裡生活三年。最後熬不過父親的千呼萬喚，一九九七年元旦，參加過卑南族男友他們部落的大獵祭之後，我搬回台北。偶然去台北張老師中心探訪朋友，從辦公室佈告欄上得知婦女救援基金會正在徵求婚姻暴力的社工，讓我眼睛一亮。不久之後我去應徵，在履歷表上寫著：「我有一個幸福美滿的家庭，一位深愛我的原住民男友，現在的我擁有滿滿的能量，想爲台灣婦女盡一點心力。」可能是這樣熱血的文字，以及曾在張老師工作過的背景，讓我順利應徵上這份工作。當然也是九〇年代還沒有規定要「社工師證照」的關係，不然以我一個中文系畢業的非相關科系的人，又沒有「社工師證照」，怎麼可能有機會當社工員。

婦援會的成立，強烈呼應台灣社會的道德與行動需求。一九八七年八月，一群年輕熱血的律師、學者以及民間婦女運動者，對於當時社會發生多起少女被父母販賣從娼的現象痛心不已，由於政府毫無對策，她們便在財務、資源皆困乏的狀態下，憑著滿腔熱血成立「台灣婦女救援協會」，援救這些不幸少女。隔年九月正式登記註冊爲「財團法人台北市婦女救援基金會」，簡稱爲婦援會。一九九二年，婦援會首次揭發前台籍慰安婦存在之事實，爲這群受戰爭迫害的無助女性特別設立申訴電話，也在政府的委託下，爲申訴者進行調查、認證工作。至此，婦援會服務的工作分成雛妓救援組與慰安婦組。而一九九七年當我進入婦援會，正值她們要成立第三個工作小組——婚姻暴力服務組。

九〇年代末，台灣社會隨著經濟、政治的變遷，婦女運動努力地倡導西方女性主義的觀念「個人的即是政治的」（The personal is political），大大挑戰了台灣社會傳統上把家務事視爲私領域的觀念，潛藏暗層已久的「婚姻暴力」問題，漸漸進入「公領域」的注視範圍。一九九六年，婦援會雖然財務上陷入困境，董事們依然決定新增婚暴婦女服務，設立台灣第一支「全國婚暴婦女求助專線」，提供法律訴訟、心理輔導、醫療與法院陪同、庇護轉介等多項服務。（請參考本書第一五二頁，廖英智回憶婦援會成立婚暴組之內文）

婦援會婚暴專線服務預計需要兩位社工員，我便大力推薦我的好朋友吳佩玲給執行長何碧珍。佩玲與我在台中張老師中心結識，我擔任專任張老師（領薪的全職工作）的時候，她是義務張老師（無薪的志工，簡稱義張），是靜宜大學商學系大三的學生。我們倆人與另一位從事教職的義張T，三人有很好的情誼，都對青少年輔導充滿熱情，也都喜歡團體輔導，還曾經組成「3+1工作坊」，很認眞地發展三個人合作帶團體輔導的工作。後來因我離職回台北，大家不得不放棄「3+1」。佩玲大學畢業後，結婚，從台中移居台南，又從台南搬到台北來。同住台北城的我們，又一起籌劃開設一家與森林小學相同理念的「森林安親班」，爲此我特別去上森林小學的師資培訓並在森小實習一個寒假；我們倆還各自去安親班工作吸取實際經驗。最後，終因我浮動的心，移居了台東，這夢想又吹了。

移居台東後，我覺得這好山好水之地能夠發展青少年輔導，可以早餐店的形式與青少年接觸，進而服務他們。便邀請佩玲與T來台東，說服她們來合作創業，重建「3+1工作坊」。她們也接受了我的意見，多次來台東與我尋覓適切的地點，還到花蓮壽豐鄉志學村我二姐夫與二姐家的村落找尋店面。適當地點久尋不獲，後來聽說台東市有「人文主義咖啡廳」要出讓，我們三個人便前往探勘，也很認眞地規劃，覺得應該可行。佩玲與住台北的先生討論，兩人同意做遠距離夫妻。住台中的T就必須辭去教職，她與家人討論，父母沒意見，但她大哥卻很反對。而我更糟糕，找尋地點時很熱烈，卻在找到地點時，居然猶豫起來了——我當時很想出國旅遊，若接下咖啡廳便得天天守著，無法自由自在出國旅行了。尤其當聽到佩玲先生對我的評語：「纓花喜歡旅行，到時候可能都變成佩玲與T在顧店。」我更心虛了。最後「3+1工作坊」在台東的創業夢又告幻滅。

多年來一直無法完成三個人共同創業的夢想，承蒙上蒼慈悲，終於在婦援會有機緣讓我跟佩玲「共事婚暴服務」。與好朋友一起工作，可以共同討論、分享，心情上可以相互鼓勵、支持，這眞的是無限幸福的事。在張老師中心工作的經驗，讓我體悟到「助人的工作」是無法一個人完成的，所以婦援會婚暴服務若能與佩玲攜手，那是美夢成眞了。執行長何姐面試過佩玲之後，也認爲她是很棒的人才。由於佩玲上一份工作還在交接中，無法與我同時進入婦援會，一開始婚暴專線就只有我一個社工，還好有一個同期進來的研究員L暫時先幫忙婚暴組的工作。我就這樣一頭栽進人生中最火爆，也最狂熱的婚暴社工生涯。

認真自我探索（黑白木刻版畫）

「妳怎麼穿這麼短的裙子？」

婦援會的組織模式是由民間人士組成董事會（都是義務職），再從中選出一位董事長帶領工作人員執行會務。當時的會務有救援組、慰安婦組、研究組、婚暴組、企宣組等五個工作小組，每個小組有一位專責董事，另外再加一、兩位協助的董事負責小組事務的決策方向。婚暴小組的專責董事是廖英智律師，另一位協助的董事是在政府機構擔任社工督導的S。

上班沒幾天，執行長何姐帶我去見S。這位S督導非常資深，是個與何姐差不多年紀的中年女子，一臉嚴肅，還滿符合傳統上專業社導的形象。進到她的辦公室，何姐介紹我是新進的婚暴組社工，S督導看了我一眼，說：「妳怎麼穿這麼短的裙子？」我穿的是一件膝上五公分的緊身黑色短裙。

我覺得服務受暴婦女應該以真實的生命面向與她們碰觸，而且我想打破「社工員＝公務員」的刻板印象。何姐面試我時，我就跟她說如果錄取我來工作，不能限制我的穿著；何姐說好。我的短裙對何姐來說並無不妥，但是S督導卻看不過去這種穿著。還好S督導也沒再針對我的服裝說教，只在工作上做一些提醒與建議。說實話，剛聽到S督導批評我的短裙時，我心裡旁白：「真八股的社工督導」，幸虧沒讓她看見我自己在短裙側邊加工的開衩，不然她可能會要我換掉短裙吧！後來想想，S督導是資深公務員，在她眼中，專業社工的穿著一定要端莊肅穆才能彰顯專業，我的眞實適性服裝想當然耳會被嫌棄，所以我根本就不用在意她的想法；更進一步看，她的批評不正代表我打破了「社工員＝公務員」的刻板印象了？這麼一想我心裡還滿暗爽的：耶！成功了！

其實，我的叛逆指數並不高，適我之性的服裝也只是小小的自我堅持而已。等到眞正服務婚暴婦女時，常常需要陪著婦女上法院，總是與施暴的先生演出一場諜對諜的劇碼，不是要拉著婦女的手跑給施暴先生追，就是要迅速躲避他的視線，根本沒機會穿那「適性」開衩的短裙了。不過我心裡也有個疑問：婦援會是婦運團體，爲何會去邀請公部門的社工督導來當董事？後來問何姐才知道原來當時民間婦團幾乎沒有人懂得婚暴處遇，而S督導卻是公部門最早到美國訪察並帶回來婚暴服務模式的人。這類「不得不」的事情，在婚暴組草創期還眞不少，比如我問過何姊爲何敢聘用我這種非社工相關科系的人來當婚暴組社工？她說沒辦法，沒有人做過婚暴服務，面談時看我很熱情、很有能量，也有諮商輔導經驗，那就讓我做看看。因爲有這種「不得不」的機緣我才能進入婦援會爲婚暴婦女服務。

第一支全國婚姻暴力專線

九〇年代末期的台灣社會，對於公開談論婚姻暴力、家庭暴力等議題都還很陌生，一般人的思維都認爲那是「家務事」，不是公領域議題，公權力更不可能介入。要打破這樣僵硬的思維，全靠台灣婦女運動一步一腳印、披荊斬棘的努力。當時婦女運動大力將婦女人身安全，性侵、性騷等議題推展到公領域，得到社會大衆的重視，並要求政府給予法律上的保障，一九九七年通過〈性侵害犯罪防治法〉。而以往被認爲屬於私領域的婚姻暴力和家庭暴力問題，也在九〇年代中期受到婦女團體的重視：婦女新知開始做婚姻暴力防制的研究；現代基金會開始服務婚暴婦女的工作與草擬〈家暴法〉；善牧、勵馨兩個社會福利基金會做婚暴婦女的庇護；而婦援會在一九九七年元月正式設立台灣第一支全國婚暴婦女求助專線。

當時這支全國婚暴婦女求助專線與7—11統一超商合作募款，宣傳一開打之後，辦公室立刻湧進許多求助電話。爲了讓婚暴婦女有被接納的感覺，何姐規定會裡每一個人都要有「初階婚暴服務的社工能力」，這一規定立即引起多數員工的反彈，他們認爲「接案」是專業的事，一般工作人員根本不可能承擔這工作。何姐爲了平息工作人員的怒氣，最後決定一律告知求助來電：「請打婚暴專線」。這種「處置」跟我以前在張老師工作時是完全不同的，張老師辦公室的行政電話也常會接到求助電話，所

“做法律諮詢時我會陪著求助婦女一起聽，這才眞正認識到「律師」、「法律」跟我所想像的很不一樣。”

有工作人員，即使是晚班的工讀生，都被訓練具有「初階的諮商能力」。雖然我不認同會內處理方式，但也只能默默接受。

說實話，宣傳上說我們提供法律訴訟、心理輔導、醫療、法院陪同、庇護轉介等多項服務，看起來好像是很完整的服務系統，實際上，最初開始就是我跟佩玲兩個社工員，人力單薄得很，這些服務項目都是一次一次慢慢在實務中摸索、成熟出來的。

打婚暴專線的求助婦女，大多已被丈夫長期施暴，不想再忍耐，急切想知道「如何制止丈夫不再打人？」「想離婚但丈夫不願意？」或是「丈夫願意離婚但不想把孩子給她？」這些問題都需要有律師來協助。一開始我們安排會裡的董事律師們在每週六下午輪流擔任「法律諮詢」的面談服務；後來求助的婦女數量漸增，我們邀請到一群願意無私服務的律師成立「義務律師團」，排定每週三個法律諮詢面談的時段。

我心目中正義化身的律師，幻滅了

做法律諮詢時我會陪著求助婦女一起聽，這才眞正認識到「律師」、「法律」跟我所想像的很不一樣。青少年時代，我最愛看一部叫《法網恢恢》的法律案件節目，隔天到校還會在自習課用嘴巴「重播」給同學聽，這節目讓我心中烙下「邪不勝正」的堅定意念；大學時代對於法律系的學生更是充滿敬佩之意，總覺他們就是熱血、正義的青年代表。進入社會之後，剛好美國電視影集《洛城法網》大受歡迎，那些義正詞嚴、辯才無礙，正義化身的律師們簡直是我崇拜的偶像。尤其當工作環境遇見作威作福的自私上司或客戶時，常能從劇中堅持正義的律師身上獲得能量，《洛城法網》是我每週必看的精神糧食，補充工作一個星期後所流失的能量……對律師如此紮實堅定的信仰，居然在婦援會工作接觸眞實的律師時，開始產生幻滅感。

堅實信仰中的律師原來是「媒體」型塑出來的「律師」。眞實世界中的律師，頭腦很理性，很講究邏輯，講求效率，就事論事，並不注重來諮詢的受暴婦女的心情，更不太有耐心傾聽她們說話。他們重視「案情」，可行，不可行；有證據，沒證據；有證據就可行，沒證據就不可行。譬如婦女問：「我被先生打，可不可以告他？」律師回答：「有沒有驗傷單？」「沒有。」「有沒有證人？孩子或親戚看到他打妳？」「沒有。」「有沒有錄音到他承認打人？或他有承認打人的切結書？」「都沒有」。那結論只有一個：「這樣就沒辦法告他。」

有一次我將對現實裡律師的感受跟一位比較熟的義務律師賴淑玲討論，才明瞭這是因爲律師所受的專業養成就是這麼理性、邏輯。那是我誤解律師囉？當然不是。婚暴組只有我跟佩玲兩個社工員，沒有社工督導，何姐又非常忙，沒有什麼時間跟我們討論，但是非常幸運的，研究組有一位厲害的研究員L，對婦女議題非常敏銳，又有社會運動經驗；我們接案一遇到問題就找她討論，總是很快能找到解決方法。我也將對律師的觀察與L討論，她認爲除了法律專業的訓練過程因素之外，最主要是律師對婚暴婦女的議題不熟悉，律師不了解婚暴婦女有焦慮、不安、恐懼的身心狀況，與一般律師接案的婦女不太一樣；而且律師也不了解婚姻暴力根源是夫妻權力不均的問題，更不了解男性暴力的本質是因爲性別不平等的關係。因爲對這些婚暴的基本議題不清楚，律師就「只見案情」，而「不見婚暴婦女的人」了。L認爲我們的義務律師應該要上一下「認識婚暴」的課程。

之後在婚暴組的董事會議中，我們提出L的看法，得到廖英智專責董事的認同，後來在台中、高雄舉辦招募婚暴義務律師的研討會上，就開始加上認識婚暴概念的課程。

法官比律師更糟

婚暴受害婦女剛來求助時，像飄浮在茫茫大海上的溺水者，不知道該如何面對未來，當社工員向她們保證婦援會是她們的靠山，會一路好好陪伴，此時她們眼中似乎才冒出一點光采；等到她們經過法律諮商之後，好像抓到一塊浮板，開始出現求生意志，對未來也有了力量。這些想要脫離婚姻暴力的婦女開始相信能以法律來捍衛自己的權益，經過幾次的法律諮詢之後，有的婦女就會很堅定地採取刑事訴訟來讓男性知道「打妻子是犯罪的行爲」。

由於當時的婚暴法律訴訟資源相當薄弱，如果來求助的婦女想要對丈夫提起傷害罪的刑事訴訟，我們的義務律師就自己撩下去接案子，義務爲婚暴婦女打官司。願意義務做婚暴法律面談的律師還滿多，願意義務幫忙接婚暴法律訴訟案件的律師就很少了，還好當時有一位年輕又熱誠的女義務律師賴淑玲，願意接婚暴婦女的這些案子，加上婚暴組的主責董事廖英智也是律師，不時幫忙婦女訴訟的案子，婦援會對婚暴婦女才能提供完整的法律訴訟服務。過了半年，婦援會募到捐款之後，每一場官司可以補貼義務律師三萬元。當時一般律師打官司的行情，我有親自打聽過，一件普通的訴訟案至少要五萬元。又過了半年，台北市政府社會局開始對婚暴受害婦女提供法律訴訟費用補助五萬元，我們就申請台北市的法律補助給接案的義務律師。但是設籍在台北市以外的婦女，她們的法律案件就無法申請補助，依舊由婦援會出錢。

進入法律訴訟的案件，我們社工員都會全程陪伴婦女一起出庭。原本我以爲法院是維護婚暴受害婦女的正義天堂，等陪她們走上法庭才知道，「法官」比「律師」更糟，而且法院體制果然是天堂，但不是我以爲的正義天堂，而是不食人間煙火的恐龍天堂。走上法庭令人看見另一個「法律世界」，與電視上看到的《洛城法網》截然

“有些法官居然會當場大聲斥責婦女閉嘴，還說就是因爲她這種可怕的個性才會讓丈夫受不了要打人。遇到這種法官，我都要抓狂了。”

不同。眞實世界開庭的時候，男女雙方所講的內容根本就完全相反，受暴婦女訴說丈夫如何打她，施暴的丈夫居然說那是她自己跌倒受傷，而且還講得頭頭是道，順便控訴妻子是如何不照顧家庭或是箝制他的行爲等等；受到冤屈的婦女一聽，馬上心急如火，滿懷憤怒，急著要反駁丈夫顚倒是非的說詞，便大聲指責丈夫都是亂講，又如何不負家庭責任；丈夫也不甘示弱，兩人就當庭對罵起來。

面對婚姻暴力的官司，當時的社會觀念還是「勸和不勸離」，多數法官會叫男女雙方回家冷靜一下，也勸婦女不要告丈夫，婚姻才不會破裂。但是，有些法官居然會當場大聲斥責婦女閉嘴，還說就是因爲她這種可怕的個性才讓丈夫受不了要打人。遇到這種法官，我都好想起身告訴那法官不能這樣亂罵婚暴受害婦女，義務律師總會使眼色要我別衝動。

有一位叫雅君的婦女，她與先生夫妻倆白手起家，擁有一間小小的禮品公司，奮鬥多年公司營運漸入佳境，先生的應酬也開始多了，常常晚回家，雅君就會死守著不睡覺，等到三更半夜先生回到家兩人就吵架，吵到最後，先生便說那離婚好了。雅君傷心、難過，回罵先生忘恩負義，婚前他一貧如洗，都是婚後靠她全力幫忙，公司才能穩定發展，如今有錢了就把她踢到一邊。先生受不了雅君的指責，開始揮拳相向……這種事情發生了幾次之後，雅君覺得不太對勁，就跟蹤先生，發現他有外遇了。雅君非常不甘心，又憤怒，認定是先生有外遇才會打她，於是，她便開始想抓姦。有一天，她跟蹤先生到他外遇對象居住的地方，卻被先生發現了，兩人大吵一架，雅君罵先生豬狗不如、忘恩負義，先生非常生氣動手打她，雅君的臉、手都掛彩了。雅君的母親看不過去了，帶雅君去醫院驗傷，然後來婦援會說一定要告雅君的先生傷害罪。

賴律師接了這個訴訟案件，我們兩人帶著雅君上法院。雅君長得人高馬大，一開庭，法官問她爲何被打？雅君說先生有外遇，爲了想抓姦跟蹤先生，被先生發現，兩人吵架時被打的。法官問雅君的先生爲什麼要打太太？施暴先生說那不是他打的，是雅君跟蹤他時，不小心自己跌倒的。雅君一聽到先生說謊，非常憤怒，便指著先生大罵說他沒良心，明明是他打的，還不敢承認，就像外遇一樣，不負責任，晚回家，也不拿錢回來。施暴先生也生氣了，回嘴罵她，不整理家務，不用心照顧小孩，只會整天疑神疑鬼說他有女人。雅君聽了更火大，就說結婚後要不是她辛苦持家，又幫忙公司事務，家裡哪會有錢養三個小孩？先生哪會有錢到外面找女人？她因此身心受盡折磨。雅君直挺挺站立，雙手插腰，瞪著先生，激動地訴說這些年來所受的苦痛。

庭上法官是個大約六十出頭的男性，戴一付黑眼鏡。他聽著雅君激亢的言語，眉頭越來越皺，突然大聲斥責雅君，要她閉嘴，還說：「當人家太太的就是要溫柔體貼，像妳這樣的個性，大吼大叫，誰受得了妳？妳先生當然要打人。妳要改一改脾氣。」雅君聽得一愣一愣，我在後面的旁聽席上則快要抓狂了，怎麼會有這種白目法官，眞是氣死人。賴律師向法官說明，施暴先生打雅君是事實，不能因爲雅君的脾氣不好就打人，打人就是犯法的。這法官最後裁示，要雅君回家冷靜一下，不要告先生，兩人好好想法子挽救婚姻。明明這是刑事案件，卻被法官搞得像是民事訴訟了。

這種法官屢見不鮮，婚暴組便與廖英智董事、研究員L討論如此「法官現象」。L認爲法官長久在法院體系生活，其「專業自我」比律師還僵硬，對社會民衆的生活眞實狀態的敏感度更低，對婚暴議題的認知比律師更缺乏。而且因當時法律界有「要三張驗傷單才能告離婚」的說法，導致許多婚暴婦女以爲一定要忍受丈夫的拳打腳踢「三次」，然後驗傷，拿到驗傷單才敢去尋找法律協助訴請離婚。在台灣，想結束婚姻若有一方不肯，就得走上法院訴請離婚。婚暴婦女想要以法律判決離婚時，大都是依據民法第一千零五十二條的第三款規定：「夫妻之一方受他方不堪同居之虐待者」爲由請求裁判離婚。由於漢人文化傳統勸和不勸離的觀念根深蒂固，所以要以遭受婚姻暴力爲由請求裁判離婚並不容易，這也就造成一般人以爲要有「三張」以上驗傷單，才足以證明婚暴婦女是「不堪同居之虐待者」，才能請求裁判離婚。

婦女團體覺得這種說法傷害婦女很大，誰能保證到了第三張驗傷單時不會變成死亡證明？廖英智董事認爲要撼動法官或讓法官認識婚暴本質，必須聯合其他婦女團體的力量共同作戰。我們將實際的案件情況告知婦運團體，大家一起發聲，透過媒體點名報導會歧視婚暴婦女的恐龍法官，造成輿論力量先撼動司法界，然後再推動法律的改革，從根本改變法官心態。當時婦女團體很團結，做直接服務的團體從實務中發現有社會結構性的問題時，就提供給倡議的團體去發聲，甚至去訂定法律。婦運團體推動〈家庭暴力防治法〉的過程很重視第一線服務的社工員的意見，我自己就參與過好幾次會議提供實際經驗。

陪伴受暴婦女上法庭，看見她們在法庭裡必須不斷重複述說著如何被打、被虐待，彷如二次傷害，教人很心疼。尤其當面對丈夫無情的指控，更令人感慨萬千，昔日相愛的人，今日卻反目成仇。有時施暴者的謊言，眞像電視劇裡的台詞所言：「強要將白布染作黑布」，往往我會被激怒，失去冷靜，很想上前大罵這不要臉的男性。當然這些男性對我這個愛管閒事的社工員也是恨得牙癢癢的，想找機會罵我一下。每回上法院開庭之前，我都會事先打電話給當庭的法院書記官約定好，一開完庭就讓告訴人從法庭側門先行離開，不要讓我們與施暴先生在庭外有相遇的機會。有一次在士林法院，可能是法官忘記了，一開完庭卻讓雙方同時離開，一出法庭施暴先生就瞪大眼睛看著我，說要給我好看，教我小心一點。聽到這種威脅的話語，我心裡是有點害

“走上法院或許可以捍衛受暴婦女的權益，但是在法院體制對受暴婦女還不友善時，這種訴訟歷程是不是又讓她們增加了一道傷痕？”

怕，可是不能表現出來，保護婦女要緊。我們的義務律師先幫忙擋著，我則匆忙帶著婦女繞遠路到後棟大樓快跑離去。

當然也不是每個上法院的施暴先生都那麼窮凶惡極，也有少數幾個性情稍微好一些，像小玫的先生就是一個還滿淡定的人。小玫個子小小，又有清秀的臉龐，一點都看不出來是四個小孩的媽媽……那是在過新年的前夕，小玫的舅舅陪著小玫、四個小孩一起來婦援會。遠從鶯歌鎮來的小玫一臉疲憊，她說結婚十一年，先生外遇很多次，又打過她幾次，她不想再忍耐了，幾天前帶著小孩逃到淡水的舅舅家，舅母願意收留她們，但是她自己擔心先生會來鬧事，要搶走小孩，聽舅母介紹婦援會可以幫忙婚暴婦女，便前來求助。小玫有很堅定的意志要離婚，而且希望能擁有四個孩子的監護權，先生跟最小兒子的感情很好，一定不願意放棄監護權的，但是她覺得不能讓四個小孩因父母離婚就被強迫分開，不管多辛苦一定要讓四個孩子一起成長。我跟小玫的先生聯繫之後，他說離婚可以，但非常堅持要小孩的監護權，最後只好走上法院。

看著小玫這麼堅毅地捍衛孩子成長，我非常感動，一定要幫她爭取到孩子的監護權。由於在與小玫的先生聯繫時，他態度還滿溫和，沒有表現憤怒或說威脅的話，出庭前我就沒有跟書記官聯絡了。上法院時，我與賴律師陪著小玫以及四個孩子來到法庭走廊，小玫的先生已經在廊上站著，他一看到被小玫牽著手的最小兒子，便喊出孩子的名字，小兒子抬頭看了媽媽一眼，明理的小玫放開兒子的手，小兒子立即飛奔到爸爸身前，小玫的先生笑著打開雙臂抱起兒子，我看傻眼了。做婚暴服務遇見的施暴者，他們的態度大都很兇惡，所以我很容易也把這些男性當成敵人，然而這一幕父子情長的景象眞叫我既感動又無奈。開了幾次庭之後，由於小玫的堅決，最後她先生妥協了，把孩子的監護權都給小玫。堅強的小玫連贍養費、孩子未來生活費都不要前夫負擔，她要獨立養活四個小孩長大成人。眞是一位有guts的女性。

陪同幾位受暴婦女上過法庭之後，我會思考走上法院或許可以捍衛受暴婦女的權益，但是在法院體制對受暴婦女還不友善時，這種訴訟歷程是不是又讓她們增加了一道傷痕？婦援會的義務律師裡有一位很特別的女律師，她沒時間到婦援會參與「法律諮詢」面談的排班，但是她爲人很爽朗樂觀，處理婚暴婦女的離婚案件時，不喜歡走上法院，而是用協議方式。她會先提出傷害罪的刑事訴訟，等施暴先生收到法院的出庭通知單時，她再主動跟他接觸，他若願意離婚就撤銷刑事告訴。果然有些施暴的男性會選擇不要面對刑事訴訟，眞的就願意離婚。所以如果遇到類似的案子，我就會帶婦女來這女律師的辦公室，就不用上法院了。這種方式完全由律師出面處理，似乎可以減少受暴婦女上法庭親身衝撞的傷害。

裸游百分百之2（黑白木刻版畫）

兩願平和離婚？

可能內心開始有「在法院體制對受暴婦女還不友善時，她們走上法庭也會造成另一種傷害」的想法在發酵，因此，一有施暴先生表達願意私下協議離婚時，我就會相信可以兩願平和離婚——但是結果常常受騙上當，像薇方的先生就是典型的例子。

薇方是中國人，家鄉在江蘇省，她先生是移民來台的外省第二代，跟隨父親回中國省親時經人介紹認識了同鄉的薇方。兩人初識時，她先生自稱是台灣大學的畢業生，在台灣有一份很好的職業，經過短暫交往，兩人便在中國結婚。婚後來到台灣，薇方才知道她上當了，原來她先生所說的學歷、工作都是騙人的，但是已經生了一個女兒，薇方只好忍耐。幾年後，由於先生有讓薇方無法忍受的性癖好，她想離婚，可是先生不肯，最後薇方只好忍痛拋下年幼的女兒離家出走。在台灣無依無靠的薇方看到婚暴宣傳，找到婦援會來。

面談時，薇方希望我們幫忙她離婚，還有幫忙她爭取到女兒的監護權。薇方擁有大學學歷，我很驚訝她爲何想要嫁給台灣郎，她說青少年時代看很多瓊瑤的小說，以爲台灣郎都像小說裡的男主角一樣溫柔體貼，成年後看到台灣瓊瑤電視劇裡富裕的家庭，讓薇方更加嚮往台灣了。剛認識她先生時，見他長得高大又斯文，果然很像瓊瑤小說的男主角，加上先生所述說的家庭背景，也讓她家人很安心地讓她結婚。來到台灣，雖然發現先生的學歷、工作都是騙人的，但是家庭的確有點財富，生活品質還不錯；只是先生個性很黏她，尤其生完女兒之後，更是限制她的行爲，不許她太常外出。薇方安慰自己，或許是先生太愛她，怕失去她，才會這樣吧！可是後來先生變本加厲，開始出現令人受不了的性癖好，這讓薇方身心非常窒息，變得很憂鬱，也出現自殘的現象，割了好幾次手腕，都被先生發現救回來。到了女兒六歲，進幼稚園讀書，薇方覺得一定要離開這男人，不然自己會瘋掉。她懇求先生離婚，讓她離開，但是先生不肯，把她看得更緊。薇方毅然決然要逃家，終於利用一次送女兒去幼稚園的機會成功逃出來，住到父親在台灣的一位遠房親戚家。

我們邀請薇方的先生來婦援會面談，一開始他一直強調希望薇方回家團圓，不肯談離婚的事，後來我們讓他了解到婦援會完全支持薇方堅決要離婚的想法，而且有堅強的律師陣容可以協助薇方，她先生才點頭說願意離婚，但是要有女兒的監護權。薇方回去考慮良久，最後忍痛答應了。約好兩人再來婦援會一次簽離婚證書。當下我還很感激薇方的先生還滿明理，沒有擄太久。一個星期後，兩人來簽離婚證書，薇方的先生同意每個星期日薇方可以探視女兒，也滿爽快就在離婚證書上簽名，簽完還跟薇方握手，祝福她未來生活愉快。我心裡想著運氣眞好，遇到一位「好的施暴者」，所以就很放心地讓薇方獨自跟著這位「好的施暴者」去戶籍地的區公所辦理離婚登記手續。

送他們離開婦援會之後，我很為薇方開心，想著等辦完離婚登記手續，她就可以開始新的生活了。沒料到他們兩人才離開一小時，薇方從區公所打電話來，哭著說先生不肯去辦離婚登記，一直求她回家，也不讓她離開。我發現我上這個「好的施暴者」的當了，我安撫薇方說馬上請警察去保護她，我也會立刻趕過去，要她再忍耐一下。聯繫好區公所附近的警察局派人前去支援之後，我也立刻趕去區公所。二十分鐘後到達現場，原本就一肚子火的我，一走進區公所大樓就看到薇方蹲在往二樓的梯階上抱著雙腿哭泣，薇方的先生站在一樓樓梯口向薇方怒吼，一名無奈的警察靜默地站在他們兩人中間的樓梯上。我眞的抓狂了，衝上樓梯抱著薇方，對那只會站中間的警察大罵，「為什麼不保護薇方，趕走那怒吼的男子？」警察說這是家務事，他沒權力趕人。我聽了更火（當時沒長智慧，一遇到不公平的事情就著火），叫這位淡定警察報出名字，然後我就帶著薇方離開。

類似這種無敏感度的警員一定還很多，我認為這件事情必須讓台北市警察局的頭頭知道。回婦援會討論後，執行長何姐便以機構名義將此事原委發文告知臺北市警察局，申訴那員警現場處置不當，請他們一定要慎重處理。過沒幾天就收到那警員所屬的派出所所長的公文，他向薇方致歉，並說明將會加強警員對婚暴案件的處理能力。

經過這件事的教訓，我對受暴婦女的丈夫不再傻傻地信任了，開始採取戒備的態度。有意願兩願離婚的案件就請義務律師出面處理，兩人簽好離婚協議書之後，我再出面親自陪同婦女到區公所辦完離婚手續。

皇帝選妃——性別不平等的新移民婦女婚配關係

那陣子連續服務了好幾個受暴的新移民婦女，其中有一個來自東南亞國家的小童，我感受相當深刻。小童嫁來台灣好幾年，幾乎都被先生「禁錮」在家裡，她眞的快發瘋。雖然生了一個兒子，但先生卻將孩子送回鄉下給父母親帶，小童非常思念孩子。最後她決定逃跑，逃走之後，遇到好心人士收留，並帶她來婦援會。確定小童想離婚的心意之後，我便打電話給她先生，與她先生談完話，我強烈感受到外籍新娘仲介性別不平等的過程，會造成這種國際婚姻很大的危機。

小童的先生對我還算客氣，也主動說了她跟小童結婚的過程。他說他是南投人，高職畢業後到台北工作，到三十幾歲都還沒娶妻，經友人介紹說可以去東南亞國家娶新娘，他付了台幣三十萬元，到當地看過三十幾個年輕女孩，都沒滿意的，最後見到小童時覺得特別投緣，便決定娶她。結婚後帶小童回到台灣，他擔心年輕的小童受台北花花世界的誘惑，不讓她外出工作，只要她在家等他下班。在他的述說中，最令我驚訝的是，一個男人付台幣三十萬元就可以像皇帝選妃一樣，看盡三十多個年輕貌美

被無數的思想、念頭、符號、幻想所迷惑的心靈（色鉛筆畫）

的女性，這種經歷不正增強「這女人是我老子買的」男尊女卑的性別不平等觀念嗎？眞是可怖啊！

小童的先生希望小童回家，但是小童要離婚的心意相當堅決，所以就無解。我們先幫小童安排好住處以及一份臨時工作，讓她先安頓下來，再與她先生慢慢磨。半年後他先生願意放手，我請義務律師出面簽好離婚證書。由於小童的先生戶籍還在南投，我就陪小童一起去南投她前夫家鄉的鄉公所辦理離婚手續。讓人更驚奇的是，幫小童辦完離婚手續，在那鄉公所我還遇見一位也是來自東南亞國家的新移民中年婦女，她說這村莊很多外籍新娘，像她是民國七十幾年就嫁到南投來，先生是種田的，每天凌晨五點多就要跟著先生一起下田工作，還要煮三餐，洗一家三代大小的衣服，生活很辛苦。

原來台灣已經有這麼多新移民婦女了！看來政府的政策總是慢一步，都還沒注意到要協助她們適應台灣。我與L討論這件事情，剛好我手上個案有三位從中國來的新移民婦女，L認爲可以讓她們成爲一個互助團體，我很認同，告訴薇方我們的想法，薇方也很願意加入。於是安排了一個中國新移民聚會，我跟佩玲、L都前往參加，期待這些新移民婦女能運用互助的方式開創新生活。

另類民間自願庇護所

「法律諮詢」服務因爲有一群熱心的義務律師輪流值班面談，「法律訴訟」又有熱心的賴律師以及廖英智董事願意接案，所以法律面的服務就比較完整，而「庇護轉介」可就得完全從零開始了。

記得接到第一個需要緊急庇護的服務事件時，我還有些心慌。那是快接近中午十二點時，一位受暴婦女來電，她說剛剛逃家出來，沒有親友敢收留她，希望我們能提供她可以暫時居住的地方。婦援會早期有提供被救援的不幸少女的庇護所，後來這類少女逐漸少了之後，庇護所便收起來了。由於這是第一次有婦女需要庇護的服務，我不知道該如何是好，只好先跟她說會想辦法幫她找到庇護的地方，請她過半小時之後再打電話來。放下電話我馬上跟L討論，L認爲先找善牧與勵馨兩個基金會，她們都有婦女庇護所。我馬上與善牧聯繫，她們願意接受。由於庇護所是保密的，我沒辦法直接帶婦女過去，只能約在某一地點，善牧的社工員再來接婦女去庇護所。有了這個起頭之後，我們與這兩個機構建立正式庇護轉介關係，建置了正式轉介程序——這種婦女團體之間相互幫忙的感覺眞的很棒！

有了比較完備的庇護轉介服務之後，又發現在晚上逃家的受暴婦女，沒辦法立即轉介到善牧與勵馨的庇護所，我們必須自行先找個安全的旅館安置一晚，隔天上班再做正式的庇護轉介。我與佩玲就找遍婦援會附近的各種旅館，最後找到一家安全、舒適又價錢便宜的旅館，做爲婦援會婚暴組的「一夜庇護所」。

另外，奇妙地，我們也發展出另類的「寺廟庇護中心」。有一回，一位來自台北縣（現在的新北市）的婦女需要法律諮商，在面談時得知她是帶著小孩離家住在蘆洲住宅區裡一家小寺廟，廟方很照顧她們，我請她留下廟方的聯絡方式。我認爲這是很台灣本土化的「短暫庇護中心」，台灣百姓對寺廟都有一份敬意，安全性滿高，如果有婚暴婦女需要暫時的三、五天庇護，應該會是不錯的場所。我在當月的婚暴組董事會議上提出這個想法，大家都很贊成。很幸運地，跟廟方聯繫說明需求之後，他們很歡迎我們前往參觀與詳談。就這樣，我們增加了一處可緊急庇護的場所。

與婚暴婦女同坐一條船

在婦援會的婚暴組做社工，既要做直接服務又要做婦女權益倡議，尤其婚暴議題關涉婚姻生活裡最直接的夫妻權力問題，相當生活化。我不會將受暴婦女當做「個案」，也不會稱呼來婦援會的婦女爲「案主」，她們在我心目中都是活生生的「女人」。我感到與這些婦女就是坐在同一條船上，彼此之間不會畫出一條專業倫理的安全界線出來。

“「二十四小時」服務在九〇年代的台灣社工界是非常前衛的思維，不過，後來〈家暴法〉通過，政府成立家暴中心，「二十四小時」服務型態成爲常態了。”

社會工作的專業倫理，要求社工與個案之間要有一道安全界線，因此要社工僅守一些原則，比如說不會將私人電話留給個案。然而在婦援會，我打破這種專業原則，婚暴婦女有時處在非常緊急的情境中，我沒辦法告訴她們只能在上班時間才能找我，我會將私人的電話號碼給一些情況危急的婦女，好讓她們二十四小時都可以找到我。「二十四小時」服務在九〇年代的台灣社工界是非常前衛的思維，不過，後來〈家暴法〉通過，政府成立家暴中心，「二十四小時」服務型態成爲常態了。

還有關於觸犯社會不成文禁忌的「離婚」，一般政府的社工員做婚暴服務時，不會主動跟婦女提出「離婚」服務。有一次去台北市政府與其社工開婚暴服務資源網絡的會議，市府社工一聽到婦援會社工可以主動協助婚暴婦女「離婚」，而且還當離婚證人，她們都相當驚訝。

婦援會做婚暴直接服務又做婦女權益倡議，做的跟說的必須一致，既然「離婚」是爲人的權益，女性自然也享有這項權益，我們當然會主動告知她這項權益。在婦援會當社工是一件很爽的事情，不必受一些硬梆梆的專業倫理所拘束，妳就是在做自己相信的事情——女性應享有完整的權益；妳就是在實踐自己認同的理念——建立一個性別平等的社會。在婦援會工作對我而言不只是一份糊口的職業而已，更是一份「知行合一」的志業。當然，能夠發展出突破傳統社工思維的工作模式，而且擁有充分授權與彈性工時的友善工作環境，最主要是來自婚暴組主責董事廖英智律師與執行長何姐的支持與認同。

我與受暴婦女之間，並不死守著傳統的專業社工與服務對象的界限，我會依照她的需求提供所有服務。我在意的是「女性一起成長」的增能，以及在服務過程裡，很自然地彼此之間會順著因緣而產生「互勉式」的情誼，譬如我跟艷芳的關係就是這樣。

艷芳原本住在土城，因婚暴而帶著三歲女兒離家出走，由一位親密男性友人陪伴來婦援會。我接了艷芳的案子，與她先生連繫之後，他先生就常常打電話來威脅我，還實際行動竊聽婦援會電話，眞的是一個「難纏男」。艷芳另有一個兒子在苗栗讀私立寄宿中學，她想爭取一對兒女的監護權，但她先生死也不肯離婚，遑論讓出子女的監護權了。由於艷芳的情況比較複雜，婚暴組與何姐、研究員L，以及義務律師賴淑玲一起開會討論。其中有人說，「艷芳跟施暴的先生還有婚約在，如此公然跟異性住在一起可能不適宜，是否要提醒她注意。」對於女性情慾自主的權益我非常熱血，我認爲我們不可以對求助婦女做社會道德式的評斷，而是要完全支持她的選擇，擁護她的情慾自主權。另外也有人提出，豔芳是否要利用我們幫忙離婚以達到跟那男性友人結婚的目的？我當下堅持不能「懷疑服務對象」，我們的服務宗旨是維護婦女的權益，只要婚暴婦女需要幫助，我們就應該完全相信她、做她的依靠，不能懷疑她。

由於艷芳的先生很會恐嚇人，常常打電話恐嚇艷芳，搞得她心情大起大落。他也會常打電話到婦援會來找我，一開始總是好言求我勸艷芳回家去，我說你會打她，她哪裡敢回去？他就開始生氣地說都是艷芳外面有男人，他才會打她；我很嚴厲地告訴他，打人就是犯法。他就更憤怒，罵我拆散他夫妻，恐嚇我不得好死。我笑笑以對。看我不為所動，他又放軟身段，開始訴說他跟艷芳以前如何甜蜜相戀，婚姻生活如何美好的過往記憶；我要他不必對我說這些，他就抓狂，又開始罵我無情、無血、無眼淚，恐嚇我，要我小心。甚至有一回他說已經在婦援會安裝竊聽器，艷芳若打電話給我，他都會聽到。辦公室電話遭竊聽，我們眞的嚇壞了，也不敢輕忽，連絡中華電信公司的人來幫忙，最後在婦援會附近的一個電話變電箱裡發現婦援會的電話路線眞的被裝置了一個竊聽器。艷芳的先生，眞可說是我遇過最難纏的施暴男性。

為了爭取孩子的監護權，我必須陪艷芳南下到苗栗學校，請求老師不能讓艷芳的先生將兒子帶走。艷芳雖然常被先生的恐嚇語言嚇得情緒起起伏伏，但是她其實是一位很有智慧的女性，經歷過共同面對施暴者的奮鬥歷程，我們倆培養出一份特殊的「革命」情誼，經常會交換生活心情。在南下的火車上，我跟豔芳提出我的情感困擾，艷芳會傾聽我的心情，給我支持、勉勵，也會點出我一些盲點。我與豔芳發展出一種彼此「互勉」的情誼。最讓我感動的是，當父親因病驟逝，我非常哀傷，艷芳主動提出去我家中爲父親助唸經文。經過我家人同意，艷芳帶著她的朋友在父親靈前爲他助唸兩小時，我在一旁垂首流淚。唸完之後，艷芳還告訴我，她感受到我父親的靈魂還在家中徘徊不願離去，要我們家人不要一直哭泣，這樣父親的靈魂會更無法離開。

沒有「給」與「受」的角色之分

表面看起來，擔任社工爲受暴婦女服務，付出我們的智力、時間、心力，好像都是「給」的角色；更深入一點看，其實不然，服務的過程裡「我們」跟「她們」，沒有主客體之分，沒有「給」與「受」的角色之分；我們跟她們是共同體，一起奮鬥、一起抗爭；互相鼓勵，互相給能量。即使我離開這份工作之後，她們給予我的能量一直存在我的生活中。

像之前提過的來自中國新移民的薇方就是給我很多能量的人。薇方離婚半年後，我們再度見面，見面過程有點令人心酸。那是天氣寒冷又下著雨的初冬晚上，我還在辦公室加班，突然接到中山北路派出所警員的電話，指名要找我，他說臨檢到一位中國籍的女性ｘｘｘ，沒有台灣身分證，她自稱曾經是婦援會協助的婚暴受害婦女，警員希望我能立即到他們派出所來當證人。掛上電話，我匆忙收好東西，搭計程車趕到派出所已經九點半了，一進派出所大門就看到兩手緊抱胸前，滿臉驚慌的薇方。看到我出現，她眼睛一亮，我張開雙臂給她一個大大的擁抱。辦好繁瑣的「領人」行政手續之後，夜很深了。我們走出派出所，薇方謝謝我特別趕過來，我卻因台灣政府的疏忽而向她道歉，讓她受委屈了，她含淚搖頭。由於兩人都疲倦極了，無法再敘舊多談，薇方體貼我不讓我送她回台北郊區租房子的住處，說自己搭車回家就可以，要我趕快回家休息。我讓她先走，冷颼颼的冬天夜晚，飄著雨絲，望著她孤獨離去的背影，我的心微酸，想著她要有多大的勇氣跟堅持，才能在這無親無依的台灣闖出一片自己的天地。

事實證明薇方眞的是一個很有能力的女性，拿到身分證之後，她找到一家外商公司的職務，幾年後還升到經理呢！在我人生因工作或情感低潮而心情沮喪時，都會想到「那個寒夜薇方的孤獨背影」，想到這個勇敢、堅強地克服人生困境的女性，我的心情就會往上拉起。

那次見面兩年之後，我獨自一人跑到薇方的國家——中國雲南昆明進修版畫一年。剛到昆明時，眞是超大的不適應，不僅生活居住環境差異很大，生活習性更是完全不同。雖都是華人，都以米食爲主糧，但食物烹煮方式截然不同，當地的食物口味注重辣、鹹，我實在吃不慣。在昆明求學時，我特別能體會薇方她們這些從中國來到台灣的新移民的不適應心情。

出發去昆明前，有一位在婦援會我服務過的中國新移民婦女，家鄉正好在雲南大理，她一知道我要到昆明讀書，就把娘家的電話抄給我，要我有困難時去找她媽媽。這個溫暖的電話號碼雖然我從沒打過（不好意思打擾這老人家），卻也給過我很大的安心的力量。初到昆明適應困難，心情難過想家時，我就會握著這個電話號碼，想到那些勇敢、堅持地適應台灣生活的新移民婦女們，我一定也可以像她們一樣能適應異國環境，完成自己的版畫進修夢想。果然半年後，我便如魚得水，自由自在地生活著，平日全心全意投入藝術創作，假期則遊歷雲南各地的少數民族自治區，了解多姿多彩的原住民文化。一年後，我帶著堆積如山的版畫作品，以及許多溫暖的友誼飛回台灣家鄉。

我也是家暴目睹兒

起初到婦援會工作，我以爲是實踐心裡那個想爲台灣婦女貢獻一點心力的小夢想；後來，我醒悟到能爲婚暴婦女服務，是上蒼賜予我解開深藏生命底層已久的一個

—我的雲南版畫年（黑白木刻版畫）

情結的機緣。婚暴專線開線三個月之後，研究組的研究員L要發表我們接案的研究報告，何姐希望研究報告發表的記者會上，我能代表婚暴組社工上台說一些開線以來的服務心得，要我事先準備一下發言內容。擬寫這份服務心得時，我突然回想起，童年時代的我，原來也算是一個「家暴的目睹兒童」。

我是五年級生，在台北郊區南港鄉下農村長大，當時我們的村莊幾乎每一家都發生過家庭暴力，不是打小孩，就是打老婆，警察都知道卻從來不會介入制止，因爲「家務事嘛」、「小孩、老婆不聽話當然要打」。雖然俗話說：「打某豬狗牛，疼某大丈夫」，但是我們村莊裏很少有大丈夫，倒是有一群豬狗牛的先生。若有不打太太的男性，不論農民、工人或知識份子，也常去「茶店仔」（鄉下的色情場所）或是外遇不斷，造成太太精神負擔，生活不快樂。我們的村落，有一條小溪流過，週遭是稻田、菜園，一座晒穀場，房屋是一整排的一條龍式磚瓦房，屋前是一條塵土飛揚的大馬路，房屋後面是一片墳墓錯置的小山坡，家家戶戶都認識，而且還門戶洞開，孩子們可以自由自在地串門子，我常與鄰家小玩伴從這一家大門進去玩一玩之後，再繞到隔壁家後門，鑽進去玩一會，又從另一戶大門出來。那是一種很緊密、無隱私的村莊生活。

由於貧窮，我爸爸跟他唯一的哥哥合力買地蓋房子。我家一條龍式的磚瓦房，一邊住伯父一家子，另一邊是我家人。我爸爸跟伯父並不會打太太，但是伯父的大兒子，就是我堂哥，他常打太太。大堂哥一喝醉酒就打太太，伯父會非常生氣罵他，大堂哥更生氣，經常徒手打破房間的窗戶，亂成一團。每當伯父他們家一鬧事，我們家大門口就會圍住一大群看熱鬧的鄰居，男女老少都有，當然我熟識的玩伴、同學都在其中。而我家父母兄弟姐妹都站在屬於我家的這一邊客廳，無奈地看著伯父家的鬧劇。這種家暴不是只有一次，可說幾乎是每月上演一次，面對伯父家的家暴事件我是既羞愧又憤怒。羞愧的是鄰居玩伴、同學都看到我家族的暴力事件，眞是丟臉極了；憤怒的是爲何都是女性挨打，眞是不公平。

國中時，父母終於有能力在隔壁村落買了一層公寓式房子，我們搬走了，不必再承受伯父家的家暴事件，羞愧的心情逐漸消散，但是「都是女性挨打」的不平怒聲一直潛藏內心深處。

眞實的恐懼

「男尊女卑」的不平等現象充斥在成長的環境中，我又是家暴的目睹兒童，難怪一進婦援會從事婚暴服務之後，面對這些受欺負的婦女，我根本就是怒血沸騰。似乎只要我多盡一點力量，就可以彌補一點潛藏在內心深處「都是女性挨打」的不平感觸。然而這樣的背景雖說很快貼近受暴婦女心情，卻還是與她們創傷體驗有很大的差距。

「恐懼、焦慮、不安」是我服務的受暴婦女幾乎都會出現的情緒。我一直認爲自己很理解，並接納她們這些情緒。對著施暴男人怒眼相向，我可是非常有經驗，陪婦女們上法庭，就會得到被告的施暴先生的許多衛生眼；出庭後常常要陪婚暴婦女緊張地逃跑；與施暴先生通電話時常被罵、恐嚇，心裡也是會毛毛的；還有一次最讓我們恐懼的是，前面提過的豔芳的那個「難纏男」前夫竊聽婦援會的電話，當中華電信人員發現眞的有竊聽器時，可把我們這一群女性工作人員嚇壞了……經歷過這些可佈事情，我能大言不慚地說，我對婚暴婦女有同理心。然而等到發生了一件事之後，我完全改觀，對於我的「同理心」眞想去撞牆了！

自從發生薇方在區公所警察袖手旁觀的事件，婦援會行文到台北市警局，申訴警察處理婚暴事件之後，不只是台北市的警察變得比較主動協助婚暴婦女，甚至，連台北縣（現今的新北市）的警察也開始改變態度了。一天傍晚，婦援會接到蘆洲某一派出所電話，要我們派社工員去派出所；來電警員說有一對年輕夫妻，先生打太太小菊，小菊報了警，警察到她們家中，看到小菊被打得黑輪眼，便將兩人都帶回派出所。小菊說先生常常打她，她不要再忍耐了，決定離婚，想請求婦女團體幫助，於是警員便打電話到婦援會找社工來協助，也要社工員帶一份離婚協議書去。

我一到達派出所，警察正在爲滿臉淚痕的小菊做筆錄，小菊的先生一臉怒氣坐在旁邊。做完筆錄，我單獨與小菊面談，小菊執意今天已經到派出所了一定要離婚，若這樣沒事就回家，她先生回家後會抓狂把她打得更慘。我提醒小菊有關離婚的權益，小菊說他們夫妻還沒生小孩，也沒財產的問題，只要能離婚她什麼都不要。面談完，我拿出離婚協議書讓他們簽名，先生咬牙切齒地說：「好！妳想離就來離！」立即簽了名字，小菊也簽好名。看小菊的前夫還在盛怒的狀況，我請警察陪同我們一起前往蘆洲區公所辦理離婚登記。

由於離婚還需要兩個證人，小菊在派出所就先打電話請她表妹到區公所來當證人，另一個證人就是我這社工員了。當人家的離婚證人這件事情，我家人非常不贊成，他們還是傳統思惟，覺得這是拆散人家的姻緣會沒好報。當時對於受暴婦女困境相當熱血的我可聽不進去這種迷信的說法，婚暴婦女需要幫忙的事情只要能力可及，我一定二話不說就爲她們做；何況這種不費吹灰之力，只要「寫三個字」的事情，更是要幫忙了。我們坐警車到達區公所，警員說他只能在樓下等，要我自己一人陪他們上去二樓辦理登記。走上二樓，小菊的表妹已經在櫃檯邊等待，我跟小菊表妹簽好證人名字之後，小菊立即辦理離婚手續。這過程裡小菊的先生雖然一臉怒氣，但是還是把所有程序都辦完，也沒說半句話，我心裡想著他還算是個明理的男人啦！沒料到，等辦完離婚手續，我們要離開時，小菊的前夫居然叫住我，睜大眼睛瞪著我，憤怒地

大頭男子（水印木刻版畫）

說：「妳這婦援會惡毒的女人，都是妳害我們夫妻離婚，妳給我記住，今天晚上我會給妳好看！」我當下心頭一驚，看他一下便不理會他，帶著小菊她們快步下樓找那警員帶我們離開。

那天晚上下班搭公車回家，一路上我提心吊膽，焦慮不安，想著小菊前夫說的：「今天晚上我會給妳好看。」到站時，一下公車我居然馬上往左右看了一下，潛意識裡眞的很恐懼小菊的前夫會來打我。我眞的體會到那種被打的恐懼。其實，像艷芳的前夫，就是那個裝竊聽器的施暴者，他也常常打電話給我，生氣地說要給我好看，可是我都不會害怕，只是笑著說：「好啊！」可能因爲只是聽到聲音沒見到人，可怖指數不高。但這一次見到眞人，施暴者那瞪大的暴怒眼神一直出現在我腦海中，實在教人恐懼。經歷過這件事情，才能說，我對受暴婦女眞的有「同理心」了。

以前接到受暴婦女來電求助時，聽到她們說不想再忍耐了、想逃家，我會一直鼓勵她們，告知她們婦援會一定會竭盡所能幫忙她們；但是她們總會說不敢逃跑，先生威脅她們要是逃跑會去她們娘家鬧，燒光她們娘家的房子。當下我不說什麼，心裡卻會自己旁白：「那只是有嘴無膽的施暴男性的威脅話語而已啦！」但是經歷過這件事情之後，我終於可以理解那種受威脅的恐懼了。後來接到一位想逃家卻一直受先生口語威脅的婦女，我就非常同理她的感受，陪伴她、等待她有足夠的能量，她大約每個

“許多婚暴婦女需要一再忍耐暴力，無法離家出走，大部分是因爲放不下「孩子」的關係，要在「自己」跟「孩子」兩者之間做選擇是一種非常艱難、非常撕扯的決定。”

月打一次電話給我，討論她可以做些什麼逃家的準備工作，經過半年之後，她才眞正展開行動，順利地帶孩子離家出走。

爲何不逃家？

一般人聽到婦女被先生打或被先生精神虐待時，第一個念頭就是：她爲何不逃家？許多婚暴婦女需要一再忍耐暴力，無法離家出走，大部分是因爲放不下孩子的關係，要在「自己」跟「孩子」兩者之間做選擇是一種非常艱難、非常撕扯的決定。所有的母親都希望能自保也能照顧孩子，像前面我提到的前夫很淡定不會威脅社工的小玫，她有機會帶四個孩子逃家，並爭取到孩子的監護權，之後她堅持無論多累、多苦都要獨立養大孩子。並不是每個選擇離婚的受暴婦女可以像小玫一樣爭取到孩子，多數是被迫放棄孩子的監護權，然後再想盡辦法來探望孩子，有人可能還只能以陌生人的身分來接觸自己親生的孩子。來自中國的新移民薇方爲了要跟前夫完全切割，忍痛放棄女兒的探視權，前夫也騙女兒說母親已經返回中國了。等到女兒上小學了，太多年沒相見，女兒也不記得她了，她想去學校探視女兒，打電話給我問該如何是好？那時我已經離開婦援會了，建議她先找學校輔導老師幫忙到學校當志工，假如不行，我再與婦援會婚暴組聯繫想辦法。結果薇方自己與學校輔導老師談妥，讓她以義工「說故事姊姊」的身分，每星期有一個下午的時間在學校圖書館裡爲學童說故事，讓她可以參與女兒的成長，彌補無法陪伴女兒的遺憾。薇方的困境是許多婚暴婦女的困境，在「自我安全」與「母愛」之間被迫選擇；愛孩子的薇方雖然選擇前者，但是她還是努力找機會以陌生人的角色參與女兒的成長。

薇方雖不能名正言順地見孩子，至少還能想辦法見到，知道孩子如何成長；但是像美琴這樣毅然決然地放下家中五個孩子而離家出走，就完全與孩子絕緣了。美琴是由姊姊帶來婦援會的求助者，她先生是獨子，婚後與公婆、小姑們住在一起，自己又生了五個孩子，一家三代十幾口人住在一起，先生只要她在家照顧小孩、公婆、小姑們就好，每個月給她生活費兩萬元。美琴這一生從沒談過戀愛，與先生是靠媒妁之言結婚的。婚前對先生不熟，只聽母親說他有穩定工作，很孝順父母；婚後，先生的確是顧家又孝順，卻非常吝嗇，結婚十幾年，她沒餘錢買過什麼好衣服，先生說有得穿就好。這些苦她都可以忍，最讓她受不了的是，先生不只對錢很在意，還很會「碎碎念」。她稍微多用一點錢買零食回來給大家吃，就會被先生罵上兩個小時；偶爾回娘家探望母親，晚一點回到家，先生便疑神疑鬼說她是不是外面有男人。美琴覺得這種夫妻關係很讓她窒息，日子雖然很苦，但是她很愛孩子，所以還是熬著，想說等五個孩子都上學之後，她可以出去工作，心情應該就會好一些。

等到最小的孩子上小學之後，美琴跟先生要求出外工作，每天還是會趕回來做晚飯。先生不答應，公婆也不允許，說女人家在外工作會被帶壞。美琴的心情苦不堪言，晚上安頓好孩子上床之後，一個人坐到客廳哭，哭累了才回房睡覺。後來，她覺得哭並不能減輕心中的苦悶，有一次發現頭去撞牆，居然能安撫一下痛苦的心，漸漸地她的額頭常常出現瘀青。過了大半年，她的大姊覺得不太對勁，才問出她心裡的苦。已經離婚的大姐也曾有一段痛苦的婚姻，所以很能理解美琴的苦，大姐便建議美琴「逃家」。剛聽到這個建議美琴嚇一大跳，她是有想過「離婚」，但是先生一定不肯離婚，更不可能把孩子給她，所以她想想也就作罷。而「逃家」，她可從來沒想過，一逃出這個家，很可能一輩子都看不到孩子了，她捨不得。大姐看出美琴的心思，勸她說目前先顧好自己，這樣的生活下去，萬一得了精神病，以後連孩子都認不得了。美琴考慮很久，終於接受大姐的建議。最後，大姐不僅幫她成功地逃出家，還幫她找到一份管吃管住的「管家」工作。

美琴離家三個月，先生每個星期都去美琴娘家找人，搞得母親不堪其擾，要大姐想辦法解決。大姐只好帶著美琴來婦援會求助。我與美琴的先生聯絡，他表示很希望美琴趕快回家，而美琴只希望先生能答應她出去工作，她就回家。我想這很簡單，就透過區公所的調委會來處理，一定是圓滿結果的。調解當天，美琴的公婆也到現場，雙方坐定之後，調解委員提出美琴出外工作一事討論，美琴的先生雖然有些爲難，但是只要美琴願意回家，他也勉強願意接受。我想就是啊！也沒太困難嘛！沒料到，美琴的公公生氣了，他很堅持女人家不能拋頭露面去外面工作，他不准美琴出外工作。美琴的先生看到自己的父親生氣了，居然也跟著反口說他也不希望美琴出去工作。美琴雖然生氣，爲了孩子們，她還是低聲下氣地求公公與先生讓她去工作，她公公完全不爲所動。一位女性調解委員也幫忙勸說：時代在變了，很多女性都是職業婦女。美琴哭著求他們，她公公就是很硬，說不可以，沒得商量。最後這位老先生還撂下一句震撼彈：「不回來，就離婚！」。我在一旁什麼力也使不上，就只能一直遞衛生紙給美琴擦眼淚。這次調解就這樣破局了。

最後，美琴冷靜思考兩個月之後，她說：「請幫我辦離婚。」我們請賴淑玲律師出馬去找美琴的先生，美琴的先生在父親的壓力下答應離婚，但是孩子一個也不給美琴。美琴早就料到，她知道要放手了，她跟我說她好愛孩子，我只能點點頭。美琴離婚之後，剛開始她還是有透過鄰居幫忙打電話與孩子聯繫，後來被她前夫知道，警告孩子不能接美琴的電話，不然就打人。鄰居告知美琴此事，美琴爲了孩子只好不再打電話。她不死心，又跑到孩子的學校偷偷去見孩子，但是大女兒完全不想見她，原來她夫家將對美琴離家的憤恨轉嫁到孩子身上，阿公阿嬤灌輸孩子說美琴是個不負責

“「母愛是天性」不僅頌揚女性有孕育生命的神祕力量，也連帶將養育的責任箝架在女性身上，限制女性發展自我潛能的機會。”

任、拋夫棄子的「壞母親」，禁止孩子與她有任何聯繫。美琴雖然思念孩子，卻沒任何機會能接近孩子，最後，她說：「我只希望孩子長大後，我能有機會向她們解釋。」美琴被迫在母愛與自愛之間只能選擇後者。

傳統思維都認爲「母愛是天性」，西方的女性主義爲了打破這種迷思，研究出這是父權社會爲了箝制女性的一種思維，「母愛是天性」不僅頌揚女性有孕育生命的神祕力量，也連帶將養育的責任箝架在女性身上，限制女性發展自我潛能的機會。當然站在婦運的角度我反對「母愛是天性」這種觀念，但是現實裡，母親與孩子，經由孕育、養育過程產生的情感親密感與生活緊密感，不是女性主義呼籲「母愛不是天性」、解構「母職」的思維就可以動搖的，太難了。「母愛不是天性」這樣的婦運口號，並無法爲薇方、美琴想望孩子的心情解套。因此，近幾年女性主義改變策略，呼籲養育孩子是父親、母親的共同責任，強調「父職」對孩子的重要性，改善「母愛是天性」的舊思維。

情感糾結

婚暴婦女不想離婚、不想逃家，選擇忍耐的原因，除了「孩子」之外，就是情感。現在的婚姻像前面的美琴那種透過媒妁之言的已經很少了，大多數經過自由戀愛而結婚的多。婚前甜蜜，婚後才發現先生會打人，此時情感就會變得很糾結了。加上這種施暴先生大多會先憤怒打人，冷靜後就會送花、送禮物，苦苦哀求太太原諒他。我遇見的最典型的例子就是郁莘。（她只是打電話給我，從來沒有來過婦援會）

郁莘與先生是大學同班同學，大四時成爲班對，就業時兩人都是國中的老師，也都在同校教書，先生在學校是位受學生愛戴、受家長尊敬的老師；但是在家裡，他心情不好就很容易摔東西，郁莘上前阻止時，他甚至會揮拳打她。爲了先生的面子，她從來不敢告訴任何人，直到有一天她再也受不了了，找了一位好朋友訴苦。朋友建議她帶先生去看心理醫生，郁莘說她也跟先生提過找專業的諮商師談談，但他死都不肯，說自己又沒神經病，幹嘛去看醫生。朋友又再建議她那就趁現在還沒生小孩趕快離婚。郁莘說她還是很愛她先生，而且她先生一摔完東西或打過她，隔天就會送花，哭著求她原諒，對先生有著濃濃愛意的郁莘當然就心軟原諒他了。這樣的情況一再重演，郁莘的愛也慢慢被磨損了，卻還是狠不下心把他丟著不管。最後朋友建議她，打電話到婦援會的婚暴專線詢問一下該怎麼辦？

從我經驗來看，郁莘這種情況很難解決，她不想逃家，更不想離婚，只想先生變好就好。我說她先生要改變就一定要去看心理醫師，慢慢解開自己心中的結，才有可能改變暴力行爲。郁莘說這不可能。我又建議她自己來婦援會，我們幫她安排心理諮商，做一些自我探索、增能的心理輔導爲自己解決困境，她也拒絕。最後，我也只能

同時想要擁有自由與親密的慾望
（木刻絕版版畫）

在郁莘心情不好打電話來時，傾聽她的苦。說實話，不是我服務的每個婦女的問題，我們都有辦法協助解決，尤其這種對施暴先生存有愛意的婦女，通常要經歷長期的時間。假如她願意接受心理諮商可能就會快一些，等她自己明瞭自己的愛並不能解決先生的暴力行爲時，才可能出現轉機。

不過我倒是服務過一位爲我增加「功力」的婦女，小樺的情況可說是相當特殊又相當成功。小樺是直接來婦援會，她的大哥、大姐陪她，與先生一起從台中上來。一個星期前，小樺與先生兩人因故吵架，先生扭斷她的手，娘家大哥將她接回家養傷，先生到娘家說很愛太太，懇求她們原諒，請小樺跟他回家去。小樺說要她回家可以，因爲她也很愛先生，可是要去台北的婦援會寫悔過書與保證書，她先生說好。隔天他們就來到婦援會了。我一聽到，內心還滿開心，原來婦援會在婦女的心目中是一座靠山了！當天我馬上安排賴淑玲律師來會裡寫好兩人都滿意的悔過書（先生向太太懺悔、道歉）與保證書（先生保證不會再打太太，若再打一次就無條件離婚）。小樺離開之前，堅定地跟我說：「當男人第一次打太太的時候，一定要很正式、很嚴厲地讓他知道，不能打太太，不然這婚姻就毀了。」施暴先生要離去之前，一直向我道謝。這一招，看起來滿有效。之後，小樺沒打電話給我，我忙著工作，也沒主動打電話給小樺，就不知她們夫妻狀況後續如何了。不過，我去演講時都會說這例子，鼓勵女性

“「男尊女卑、男強女弱」的性別不平等觀念所造成的，父權社會總是要求男性要強、要勇，不能軟弱、不能哭泣，造成男性內心最害怕自己是「無能的男人」。”

在親密關係裡伴侶是平等的，女性有權力在第一次親密關係受暴時就要很愼重、嚴厲地的處理，不要隨意就原諒施暴者。

男人爲何憎恨女人？

八〇年代在張老師做諮商服務時，我已經接觸到婚暴輔導，也了解婚暴婦女有受暴後的創傷症候群，然而那時的輔導方式著重在婦女個人身心的療癒爲主；到了九〇年代，台灣婦女團體對於婚暴婦女的服務，都是邊服務邊學習。在婦援會做婚暴服務工作，我們經常舉辦在職訓練，有一回參加一個研討會，講師介紹英國民間的婚姻暴力婦女服務中心，她們的服務項目除了對婚暴婦女、目睹孩子做庇護與身心輔導之外，也針對婦女的經濟獨立、孩子的學業，進行全方位的照應。另外讓我們吃驚的是，英國還有一所專門輔導諮商「施暴男性」的服務中心，他們認爲男性會打太太、女友、同居人，是因爲內心潛藏著「憎恨女人的恐懼」，施暴男性必須眞心面對自己內心這種情結，眞心認錯，才有可能改善施暴行爲。老師也介紹一本書給大家──《爲何男人憎恨女人？》，從書中可以更深入了解這種理論。研習完，我、佩玲與L都買了這本書來閱讀。

以往我將施暴男人當作敵人，讀完這本書之後，知道搞錯敵人了，婚姻暴力直接的敵人是「施暴男性心中憎恨女人的恐懼」。簡單舉例，一般人對婚暴的迷思，都以爲婦女會被打，若非女性個性太強，就是嘴巴太嗆，吵架時會罵他們「你這沒用的男人」、「你這軟腳蝦」……男性生氣才動手。其實這男性會憤怒進而打下去根本就跟這些話無關，他生氣、憤怒是因爲他內在「恐懼」自己眞的是沒用的男人、是軟腳蝦，爲了遏止這恐懼感，他才動手打人。但男人爲何不能「沒用」？爲何不能是「軟腳蝦」？當然這都是父權社會強調「男尊女卑、男強女弱」的性別不平等觀念所造成的，父權社會總是要求男性要強、要勇，不能軟弱、不能哭泣，造成男性內心最害怕自己是「無能的男人」。

在婦援會，我們一開始將婚暴議題從巨觀的父權社會性別不平等的大結構面向去倡議，但是我們實際做直接服務，也必須重視微觀的個人心理分析面向。《爲何男人憎恨女人？》這本書的理論剛好結合了巨觀與微觀兩個面向，而且還是以施暴者的立場去解析。婚姻暴力的服務是一種社會網絡的整合型服務方式，包括社工、警察、醫護人員、學校老師、法律相關人員，其中派出所基層警察、驗傷的醫護人員，可說是婚暴服務的最前線人員，她/他們對婚暴婦女的態度也是最重要的，然而這些人的態度良好或惡劣取決於她/他們對婚暴議題的認知強弱。台灣的基層警員與驗傷醫生大多數是男性，施暴者幾乎也都是男性，婚暴議題批判的對象也是男性，常常我們去警察與醫療單位演講婚暴議題時，一批判起施暴男性，底下聽講的男性警員或醫生們，可就低頭的低頭，喝水的喝水，如坐針氈，一副想逃離現場的樣子。後來我請教承辦演講的男警員爲何會這樣？他說身爲男人坐在台下聽妳罵施暴男性，會很不自在。看過《爲何男人憎恨女人？》這本書之後，我找到一個以施暴者爲立場的婚暴演講方式：心理劇與角色扮演。

一開講我會先找兩個男性聽衆上台，給他們劇情設定，請他們演出一段夫妻吵架，最後先生打太太的短劇。在警察單位做這種短劇演出，通常很快就會抓住警察聽衆的眼睛，因爲看到平日熟悉的同事在台上演戲，是滿有趣的事情，大家忍不住邊看邊笑。演完戲，我會請這對假夫妻再倒帶回到「太太罵人，先生動手打人」那一剎那，然後我站在打人的先生身旁，引導他說出當下的情緒：憤怒、羞愧、擔心、恐懼，他說一項情緒，我就請台下一位警察上來扮演這情緒，並用雙手拉著這位施暴者的手，通常都要請四、五位上台，最後這位施暴者的手、腳、身體都被扮演這些情緒的人緊緊抓住，然後我請扮演太太的人開始大罵先生「沒用的男人」、「軟腳蝦」、「去死」，也請全部的情緒扮演者一起用力的拉扯施暴者的肢體，邊拉扯還要大聲說出自身代表的情緒：「我生氣」、「我羞愧」、「我擔心」、「我恐懼」。等到現場的聲音達到最高亢時，我立即喊停。這時台下沒有剛開始看同事演戲的嬉笑聲了，而是一片寂靜。

我發現這種演講方式，比以前苦口婆心講婦女受暴的悲苦心情與悽慘經歷的效果好太多了。與佩玲、L討論這個發現，三個人都覺得若有施暴男性願意，可以來做施暴男性的心理輔導。後來有一位逃家的婦女香苓來找我們，她說先生很愛看A片，會模仿影片裡一些情節、道具，然後要她配合，香苓不想做那些事，但先生會強迫她。她忍了很多年，等最小女兒上了小學一年級之後，終於無法再忍下去了，在朋友幫助之下，找機會逃出家，朋友幫她安排住處與工作。逃家兩、三個月之後，朋友帶著她來婦援會。香苓很愛三個可愛的孩子，不想離婚，希望我能找她先生談談，改善讓她心生恐懼的那些性行爲就好了。我打電話給她先生，邀請他來婦援會談話，他也眞的來了，表示眞心希望香苓回家，孩子都很想念媽媽。我提出香苓的期待，也邀請他來做心理諮商，他說只要能讓太太回家，他願意來。後來我們安排會裡的救援組的男社工小冬幫忙做諮商。談了兩次，小冬說不用再談，他認爲香苓的先生只是要太太回家，完全沒有意願想探討婚姻的問題，更別說做自我探索了。首次的施暴男性輔導服務，宣告失敗。在我們人力薄弱，專業資源也不足的情況之下，我們只好完全放棄施暴男性輔導這項服務了。

「媽媽爲什麼離開我們？」

施暴男性的諮商服務雖然做不了，但是我們同時意識到「婚暴目睹兒童」需要心理輔導。只是婚暴組的人力就兩個社工員，根本沒有力氣輔導這些孩子。非常幸運地，大宇宙送來一個最適當的人選，H。仍在東吳大學社工系唸書的大三學生H申請來本會做暑假機構實習，婚暴組跟何姐討論讓H來做「婚暴目睹兒童」服務。我跟佩玲都認爲單獨離家的香苓，那三個在家裡的孩子對於媽媽離家的事，心情一定都很不好，如果我們可以介入做一些心理輔導，應該對孩子有幫助。我與香苓的先生聯繫，說明想爲三個孩子做輔導工作，他雖然沒有繼續來面談，卻也很樂意有輔導員去家中與孩子談話。H到香苓夫家爲三個孩子做團體輔導，大約做了一個月。由於我是H的機構實習督導，每回H跟孩子做完團體輔導，我們就要進行討論。H說孩子們常常問她：「媽媽爲什麼要離開我們？」，她覺得很難回答。是啊！我也不知要如何才能讓這些小孩們理解最親愛的媽媽居然會離她們而去的痛苦呢！況且，香苓的情形算是「夫妻間的性暴力」，孩子應該沒有親眼目睹，她也沒有告訴過孩子自己的困擾，我們要做「婚暴目睹兒童」輔導是加倍困難了。

婚暴目睹兒童的服務其實是非常重要的，研究指出，許多施暴男性其實小時候就是在看著父親毆打母親的環境中長大的，如果能早點協助這些目睹兒童的心理發展，

性慾不見了，以往美妙的性慾成為回憶中美麗的花朵（色鉛筆畫）

或許就能避免孩子重蹈父親的施暴行爲。只是婚暴組人力單薄，當時運用暑期實習生服務過三個孩子，之後就無法再做了。後來婦援會終於在二〇〇四年增加目睹家暴兒童和少年身心發展的服務，呼籲政府與社會一起來關懷家暴目睹兒童。

離婚到死亡

對於協助婚暴婦女離婚的服務，我真的毫無猶豫嗎？當時正熱血的我，三十六歲，眞的一點都不猶豫。會來婦援會求援的，多數是離家出走、沒有支持系統，想解決婚姻暴力問題的受暴婦女；其中好幾個已經逃家許多年了，爲了躲避先生的暴力，不敢尋求娘家親友支持，而必須東躲西藏，直到知道婦援會有婚姻暴力專線，才敢站出來尋求支援。這樣的處境太孤立無援了，所以只要她們提出離婚的想法，我就會盡全力幫忙，而當時婚暴組最多的資源就是「義務律師」，能提供完整的義務離婚訴訟服務。

進入婦援會之前，我曾經有過帶領離婚婦女團體的經驗，那是三十歲離開台中張老師回到台北之後，中間在台北張老師從事團體輔導的工作，晚晴協會邀請我去帶一個她們老成員的自我探索團體輔導，每星期一次，共十次。這回的團體輔導讓我認識了一群離婚後找回自我天空的有能量的中年女性。之後繼續幫忙她們帶過一回新成員的十次潛能發展團體，又了解到一群正在經歷離婚訴訟，或剛離婚正要重新生活的不同年齡層女性，她們的掙扎與努力。從晚晴協會帶團體的經驗，我體悟到想要離婚的女性非常需要外界的支援：實質上的法律或心理諮商，精神上的相同遭遇女性的鼓勵支持。有過這兩回離婚婦女的團體輔導經驗，我對想離婚的婚暴婦女絕對完全支援，毫不猶豫。一直到服務佩臻，我才開始產生動搖。

佩臻，三十五歲，有兩個兒子，大兒子已經在讀國中二年級，小兒子是小學三年級，夫家住中壢，娘家在貢寮，兩年前先生有外遇就常很晚才回家，兩人因此常吵架，一吵架佩臻就會被毆打。有次她去跟蹤先生與外遇對象約會時被發現，又被先生毆打到鼻青臉腫；娘家的父親看不下去，便親自到中壢帶她回到娘家去醫院驗傷，經友人介紹，他陪伴佩臻來婦援會求援。與佩臻面談之後，她希望告她先生「傷害」，父親則是希望她離婚；我安排她做法律諮商，確定要向她先生提起刑事傷害訴訟，等刑事確立之後再來提民事離婚。

陪伴佩臻上法庭並沒有發生什麼特別緊急事件，她也一直跟我說先生外遇讓她太絕望，無法繼續這段婚姻，我就按照她跟律師討論出來的步驟，先打刑事官司，再來打離婚官司與爭取兩個兒子的監護權。但是有兩件事情讓我覺得怪怪的，第一件是每回上法庭，佩臻會一直向法官抱怨先生外遇；第二件則是她常跟我提起她又知道先生去找那女人，她要找警察一起去「抓猴」。我直覺她可能對她先生還很有感情，是不是她內心並不想離婚？尤其佩臻是因爲先生外遇才被毆打，她心裡會不會在乎外遇更甚受暴？她想告先生傷害是不是希望先生能求饒，回到她身邊？

我開始思考，對於佩臻這樣的狀況，我們的協助是不是太粗糙？是不是應該先請佩臻做心理諮商整理清楚自己眞正的需求，再來做法律諮商？可是婚暴婦女與先生的情感有時非常複雜、牽扯，眞的能理得清楚嗎？……我記得有一位婦女第一次被先生打到頭上破一個大洞，她離家住到民間福利機構的庇護中心，養好傷之後，又再度回家，第二次被打到腿斷了，又再次住進庇護中心養傷，她沒想過要離婚，只希望先生能改變。身爲社工的我們最關心的是如何讓她脫離暴力，而她最在意的是先生是否能改變。

婚暴婦女這種情感上的糾結，讓我們婚暴組重新思考婚暴的處遇到底何種較適當——先法律後諮商，還是先諮商後法律？或是兩者同時進行？到了發生淑莉的事情，我們發現法律諮詢與心理諮商同時進行是必要的，而且我們的服務應該可以更積極一些。

認識淑莉是受某地方政府的婦女服務中心邀約，前去幫她們所服務的婚暴婦女中心做團體輔導，每星期六下午，進行十次的團體課程。我見過淑莉兩次，第三次團體就沒見到她，中心社工員告訴我，她死了，被先生打死。我既震驚又自責。其實在第

“婚姻暴力眞的需要全方位的服務，法律、庇護、受暴者與目睹兒童的心理諮商、施暴者的輔導……。”

一次團體輔導中，當淑莉述說受暴的情況時，成員們都感受到淑莉的先生不僅暴力行爲粗殘，會把她綁起來打，而且精神上似乎也相當不穩定，好幾個成員都主動勸她趕快離家，淑莉卻說她先生很需要她，她不能離開他，她要幫助他。第二次團體，大家幫忙她想出辦法，先誘使先生去看精神科，這個建議她倒是接受；我請她考慮先搬出來，再帶先生去看醫生，她說再考慮看看。沒料到第三次團體就見不到她了。我很自責，我有感覺到淑莉與她先生的矛盾緊密關係，應該先建議她去做心理諮商，讓她先離開先生，等自己有足夠能量之後，再去找尋資源幫她先生。我很自責，當我感覺到淑莉有生命危險時，應該更積極地遊說她離家，或是找人與她一起回家，注意她的安全。

經歷過淑莉的事件，我更加確定婚姻暴力眞的需要全方位的服務，法律、庇護、受暴者與目睹兒童的心理諮商、施暴者的輔導……但是，這眞不是婦援會一個婚暴組就可以達成的目標。L很敏銳地洞察到這一點，她認爲婦援會不要只花力氣在做直接服務，而是要把這些經驗給予政府，督促政府成立婚暴服務中心提供全方位的服務，然後婦援會扮演監督的角色。我相當認同L的主張，進一步與何姐、廖董討論，結論是政府要成立婚暴服務中心一定要制定婚暴的相關法律，於是我們也加入催生〈家庭暴力防治法〉的行列。

催生〈家庭暴力防治法〉

一九八三年李昂在〈聯合報〉發表了一篇震撼文壇的小說《殺夫》。《殺夫》敘說在日本殖民統治時代的鹿港，一位出自書香門第家族的柔弱少女，林市，由於父親生病致使財產盡散，林父死後家道中落，她與母親過著貧窮生活。之後母親因極度飢餓，被日本軍人以兩個飯團誘惑強姦，此事不被族人諒解，林市的叔叔將她母親驅逐出門，從此之後，母親音訊全失。年幼的林市被叔叔收留，當作免費女傭，長大後，叔叔為了能吃到豬肉，便將林市嫁給殺豬仔陳江水。婚後林市過著慘烈的生活，陳江水性情粗暴，酗酒後毆打並強姦林市。林市最後忍無可忍，終於在一個夜晚趁著陳江水酒醉酣睡，拿起殺豬刀，將他殺死。

《殺夫》述說的是一樁相當典型的婚姻暴力事件，這本小說雖震撼了文壇，卻撼動不了當時台灣眞實社會裡的婚姻暴力。一直到十年後，一九九三年十月二十七日發生一起震驚社會的「鄧如雯殺夫案」，宛如眞實版的《殺夫》——鄧如雯長期受先生林阿棋暴力相對，結婚六年之後，忍無可忍，趁林阿棋酒醉酣睡之際，以鐵鎚與水果刀將他殺死。鄧如雯殺夫案讓小說變成眞實事件，台灣社會大眾才意識到，眞實存在於現實生活裡的婚姻暴力是嚴重的社會問題。

鄧如雯事件

一九九三年十月二十七日，鄧如雯女士因為不堪丈夫長期虐待，於丈夫林阿棋熟睡時將其殺害，事後出面自首，成為震驚一時的社會重大刑案，不但在當時引發軒然大波，更引起各方對於家庭暴力議題之關切與重視。

鄧如雯十五歲時即受到丈夫林阿棋性侵而懷孕生子，在其逼迫下與之同居。林阿棋在同居時期仍時常毆打鄧如雯，導致鄧如雯逃回家中躲藏，林阿棋更在盛怒下至鄧家砸毀財物並毒打鄧父，經報警及友人出面調解後，為避免家人受害，鄧如雯允諾與林阿棋結婚。婚後，林阿棋仍不斷毆打鄧如雯，鄧如雯報警，警察也無法可處理；鄧想去找政府的社會局求助，友人告訴她，沒用啦，政府不會管這種家務事。鄧如雯在六年的痛苦暴力婚姻中可說求助無門。最後林阿棋恐嚇傷害鄧如雯家人，甚至欲性侵鄧如雯之妹未遂。一九九三年十月二十七日下午，鄧如雯接獲其妹電話，得知前述性侵未遂一事，當晚林阿棋酒後返家，恫嚇要殺害鄧家全員，且痛毆鄧如雯；鄧如雯精神快崩潰，最後忍無可忍，當夜，遂以鐵鎚及水果刀，趁林阿棋熟睡之際將其殺害。

案發後立即震驚當時社會，經媒體批露後，卻發現鄧如雯實際是長期遭受丈夫的暴力對待，故婦女團體群起聲援並組織律師團為其辯護。一九九四年，板橋地方法院一審法官衡量鄧如雯婚後處境及殺夫時之心理狀態，乃是基於義憤殺人之行為，因此判處鄧如雯有期徒刑五年三個月，民事部份則以鄧如雯不便行使親權為由，將子女判由夫家親屬為監護人。當年辯護律師王如玄堅持上訴，同年於臺灣高等法院進行二審程序；一九九五年，三軍總醫院精神科出具鄧如雯案發當時精神極度耗弱之鑑定證明，法官認為鄧如雯因長期受暴致精神耗弱，改判有期徒刑三年六個月。民事部份經庭外和解，夫家將子女歸還鄧如雯。服刑一年半後，鄧女假釋出獄。

（參考資料：台灣大百科全書http://taiwanpedia.culture.tw/web/c○ntent?ID=100110&Keyw○rd=%E9%84%A7%E5%A6%82%E9%9B%AF%E6%A1%88）

以上鄧如雯事件記錄中提到，她在六年（一九八八—一九九三年）的痛苦暴力婚姻中都求助無門，那時候沒有婦女團體做婚姻暴力的直接服務嗎？

一九八七年解嚴之後，婦女團體在台北市如雨後春筍般成立，如：婦女新知基金會、現代婦女基金會、婦女救援基金會、勵馨社會福利基金會等，這些婦團都爲婦女提供協助與服務，在服務過程中了解了婚姻受虐婦女的問題與需求。此時台北市政府的社會局也積極結合民間、學界與社會各界力量，在一九八八年九月首創「北區婦女福利中心」，爲所有不幸婦女提供服務。根據吳素霞、張錦麗的文章〈十年磨一劍：我國家庭暴力防治工作之回顧與展望〉指出：

「民國七十八年元月康乃馨專線開線，讓婚暴婦女有機會發聲，使臺北市北婦中心成爲國內從事婦女保護服務研究重鎮；同時北婦中心派員出國進行考察，回國後依考察所得及經驗，邀集學者專家進行保護手冊編輯。七十九年北婦中心開始規劃與建立整合性服務網絡。八十一年七月臺北市委託善牧基金會，以公設民營方式成立全國第一所婦女緊急庇護中心。中央政府內政部自七十八年透過編列預算，以獎助及督

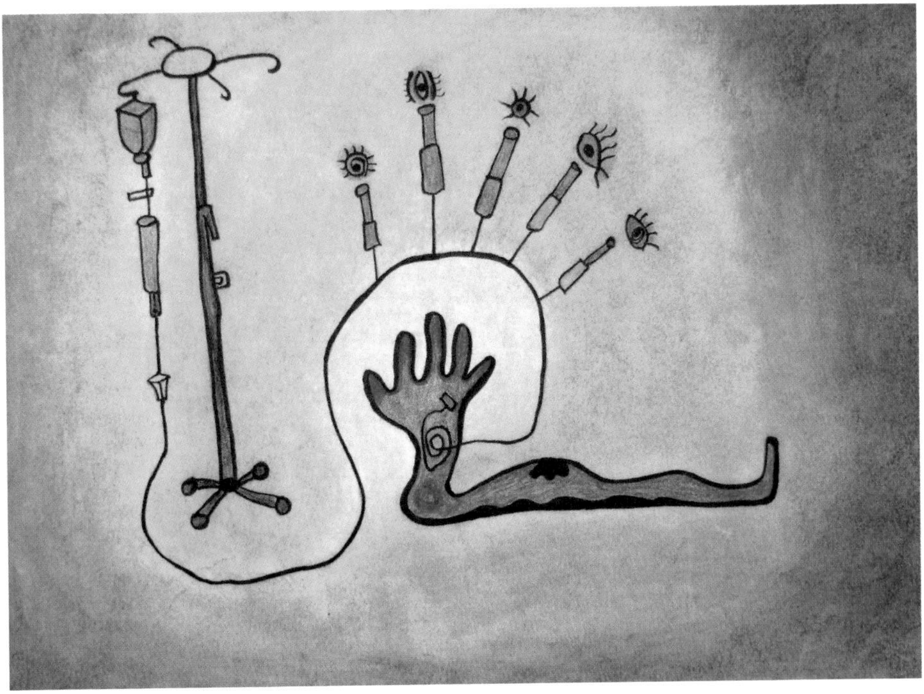

—讓人脆弱不堪的化療（色鉛筆畫）

導地方政府分別展開婦女保護工作，包含設置緊急庇護處所，提供不幸婦女及其子女緊急庇護、保護安置、法律訴訟等服務；建立保護網絡，提供保護求援專線、心理輔導、諮詢、轉介等服務；加強提供緊急生活扶助、法律訴訟費及心理治療費之經濟性補助。」

令人百思不解的是，如果一九八八年台北市政府的「北區婦女福利中心」就有這麼周全的婚姻暴力服務，爲何到了一九九三年都服務五年了，住在台北的鄧如雯、其家人、其友人，都完全不知道台北市政府社會局有婚姻暴力服務？鄧如雯想去找社會局，她的朋友還跟她說社會局不可能幫她的，讓她斷了向社會局求援的念頭。甚至比「北區婦女福利中心」早兩個月（一九八八年七月），現代婦女基金會已成立「婦女護衛中心」，提供婚暴婦女專業的法律、醫療、報案、出庭諮詢與陪同等服務，成爲全國第一個提供遭受性侵害、家庭暴力、性騷擾婦女、兒童服務的公益團體。爲何鄧如雯去警察局報案了，警察既然無法保護她，卻也沒轉介她到現代婦女基金會的「婦女護衛中心」？

是不是婦女團體沒有倡議，婚暴婦女不知道有這些資源可以幫忙她們？政府沒有立法，所以警察單位沒有法律依據可以保護婦女？當時的社會，「法不入家門」及「清官難斷家務事」這樣的父權思維又牢不可破。

鄧如雯殺夫案發生之後，婦女團體除了組織律師團為如雯辯護，並且透過聯盟、簽署以及舉辦座談會、研討會，大力倡議家庭暴力的問題。一九九四年，婦女新知基金會向政府提出「婚姻暴力防治研究計畫」的研究結果，建議制訂婚姻暴力防治法，內容應該包含民事保護令、子女監護權、逮捕法規、證據法規、調解法規以及損害賠償法、社會服務法規等等。一九九四年五月二十二日，婦女團體舉行女人連線反性騷擾大遊行，純粹以女性問題為訴求，把以往被視為個人的、隱私的性騷擾、性侵犯等婦女人身安全問題推入公領域論述，要求政府正視婦女的人身安全，把它當成社會重要議題來看待。

一九九六年，發生了彭婉如事件。彭婉如是台灣婦運健將，當時擔任民進黨婦女部主任，大力推動「婦女參政四分之一保障條款」。她在一九九六年十一月三十日到高雄參加民進黨臨時全國黨代表大會，當天深夜搭計程車離開高雄市尖美大飯店之後就失蹤，到了十二月三日，警方在高雄縣烏松鄉發現她的屍體。彭婉如遇害事件震驚全國。十二月二十一日，三十多個婦女團體組成「全國婦女連線」，發起「女權火、照夜路」，提出「要權力不要暴力」、「要尊嚴不要可憐」、「要安全不要父權」，要求政府正視台灣婦女人身安全的問題。

至此，婦女人身安全以及兩性平等的問題，引起地方及中央政府空前的重視，一九九六年十二月開始了一連串的革新。台北市政府投入家庭暴力防治工作及建立資源聯絡網，並成立「婦女保護中心」，設置二十四小時服務的婉如專線；而內政部立即召開「婦女安全座談會」；行政院召開「全國治安會議」，將婦幼安全列爲治安重點，並提出成立「國家性暴力防治中心」；行政院教育改革委員會發布教改總諮議報告書，明定「落實兩性平等教育」爲重要政策；立法院在同年底迅速通過「性侵害犯罪防治法」，要求各級中小學落實一年四小時的相關防治教育課程。

婚姻暴力的議題也在這樣的氛圍下逐漸受到重視，婦女團體開始推動〈家庭暴力防治法〉。整個〈家暴法〉推動的過程，首先是一九九四年原本由婦女新知推動婚姻暴力防治法，之後因無錢、無人力，只好暫停這個工作，改由從事婚姻暴力直接服務的現代婦女基金會接棒，繼續婚姻暴力防治的法律研擬與推動工作。一九九五年九月，高鳳仙法官參照美國、澳洲、紐西蘭等國家庭暴力法規與文獻，完成〈家庭暴力防治法〉草案。由於高法官認爲婚姻暴力應該擴大到家庭暴力，現代婦女基金會也認同此想法，便將〈婚姻暴力防治法〉擴大爲〈家庭暴力防治法〉。

依據吳素霞、張錦麗的〈十年磨一劍：我國家庭暴力防治工作之回顧與展望〉一文提到：

「當時現代婦女基金會結合高鳳仙法官及專家學者，率團前往美國考察其法院、警察機關、市政機關及民間團體處理家庭暴力事件。回國後，基金會另邀集其他婦女團體，諸如婦女新知基金會、婦女救援基金會、善牧文教基金會等第一線服務團體、各領域專家學者、公部門（司法、警政、社政、醫療及教育等）代表，甚至包含婚暴婦女，展開〈家庭暴力防治法〉催生工作。共召開二十八場對內研討會、十三場對外公聽會。」

一九九七年，我、佩玲與L參加過幾場〈家庭暴力防治法〉草案研討會（應該就是「二十八場對內研討會」其中場次），那時經常遇見高鳳仙法官、尤美女律師、王如玄律師、謝啓大立委、范巽綠立委、潘維剛立委，感覺是婦女團體、女性立委大團結的時代。尤其歷經彭婉如遇害事件，所有婦女團結一致催生〈家庭暴力防治法〉，很快地，到了一九九八年五月二十八日，立法院三讀通過此法案。

〈家庭暴力防治法〉的立法，是打破「法不入家門」及「清官難斷家務事」等傳統父權思維的一個很重要的門檻，至此警政系統依法都得處理婚暴的案子了。幾年後我碰到一位警察朋友，問他婚暴案件報案現況，他說：「被打的太太都知道可以到警察局申請保護令了；打人的先生也知道會被警察抓起來，比較不敢打了！」警察的處理態度改變還眞是快，果然有立法有差啊！〈家暴法〉還未通過時，在婦援會工作常常要跟警察爭吵，要他們當場制止施暴者，警察都相當猶豫不決。有次晚上七點多，接到一位外縣市婦女的求助電話說先生正在打她，問清楚她的住家地址，我說我會請附近派出所警察去保護她。二十分鐘之後她又來電，說警察來她家了，但是對她先生沒輒。我請她讓警察跟我講話，我告訴警員請他嚴厲告知打人的先生：「打太太是犯罪行爲」，警員說他不能這樣講，沒有法條依據。我就說好說歹要他想辦法制止施暴的先生，警員無奈地說：「我會勸勸他啦！」警政系統是依法行事，有了〈家庭暴力防治法〉，警察就有依據處理婚姻暴力、家庭暴力的案件了。

L是一個相當敏銳的研究員，她告訴我們〈家庭暴力防治法〉實施之後，全國各縣市將會成立「家暴防治中心」，婚暴婦女的庇護、法律、心理、目睹兒童等的服務就會齊全了。以婦援會兩名社工員的人力來說，應該不要再做直接服務，而應轉型爲監督縣市政府的家暴防治工作，督促政府的服務品質，才是民間婦運團體應該做的事。我與佩玲都很認同L的想法，只可惜，董事會卻認爲做直接服務比較重要，就沒有採納L的看法。

一手做直接服務，一手做婦女運動：以「急診室醫生毆打太太」爲例

丁雁琪算是我的婚暴社工生涯的啓蒙老師。擔任婦援會婚暴社工後第一次上婚暴課程，主講者就是雁琪老師，她當時也擔任台北市政府婦女保護中心的社工督導。多

“〈家暴法〉還未通過時，在婦援會工作常常要跟警察爭吵，要他們當場制止施暴者，警察都相當猶豫不決。”

年後，我們再相聚聊天時，她說：「那時候，妳與佩玲是一手做直接服務，一手做婦女運動，好厲害啊！」直接接案服務對我與佩玲來說都不難，我們兩個都是張老師出身，反而婦運的工作我們倆比較陌生。雖然如此，對於社會運動我有很大的熱情，沒進婦援會之前，參與過二二八事件的遊行、保護古蹟的連署；而研究員L更是學運、社運出身，自然很容易就轉到婦運的行列。能一手做直接服務另一手做婦運，說實話都是因爲有L的帶領，有執行長何姐的信任，有主責董事廖英智的支持與肯定，我們才能發揮對婦女權益的抱負。

在婦援會，一早L的工作就是看報紙，對社會事件敏銳的她，一看到有什麼女性議題事件，就馬上抓我跟佩玲來討論。有天報紙上一則小小新聞「馬偕醫院急診室醫生毆打太太」，她認爲這是一件大大的「婚暴事件」，是可以建置婚暴防治在醫療資源網絡重要性的好契機。

在醫療體系內，一般來說醫生都自以爲專業，看診以救人爲原則，不會有性別歧視的問題；其實醫療體系無論醫護關係、醫病關係早就存在嚴重的性別歧視。婚暴婦女要去驗傷，急診室的醫生便是第一線人員，這些醫護人員必須有性別平等的概念，才能眞正維護婚暴婦女的權益。L跟我們討論之後，分兩個方向進行：首先，她去與寫這則新聞的記者接洽，請這位記者詢問那醫生的太太有沒有需要婦援會幫助的地方；另一方面，我打電話去馬偕醫院詢問有沒有將施暴的急診室醫師調職？我一打聽到馬偕那施暴男醫師根本沒被調離急診室，便把這消息交給那記者，讓她寫新聞稿，造成社會輿論給馬偕醫院壓力，不敢包庇自家醫師，最後那醫師被調離急診室了。經過那記者的幫忙，受暴的醫生太太來婦援會接受我們法律上的協助。而那施暴的急診室醫生也打電話給我，述說事情不是表面看到的那樣，他抱怨很多與他太太日常生活相處的不是。我告訴他，夫妻要平等對待，日常相處有問題應去探討婚姻關係而不是以傷害人的暴力來解決。這位醫師當然不鳥我的說法，最後丟下一句：「那就法庭見！」就掛電話了。

之後，我們接了不少醫師、警察、老師婚姻暴力的案子，L特別做了一個研究報告，呼籲社會大眾認知婚姻暴力的本質是性別不平等的關係，所以婚暴會發生在各階層性別不平等的家庭裡，而不是一般人以爲的只有勞工階層的家庭才容易發生。

浴火重生——《飛》婚暴服務小手冊

婚暴專線服務只有兩位社工員，服務量有限，爲了因應現實的需求，婚暴組董事討論出寫婚暴服務手冊來擴大服務，尤其是法律的部份，許多婦女所知有限而無法爭取自身的權益，我們在手冊裡一條一條列出來。還有一些婚暴概念的迷思：以爲都

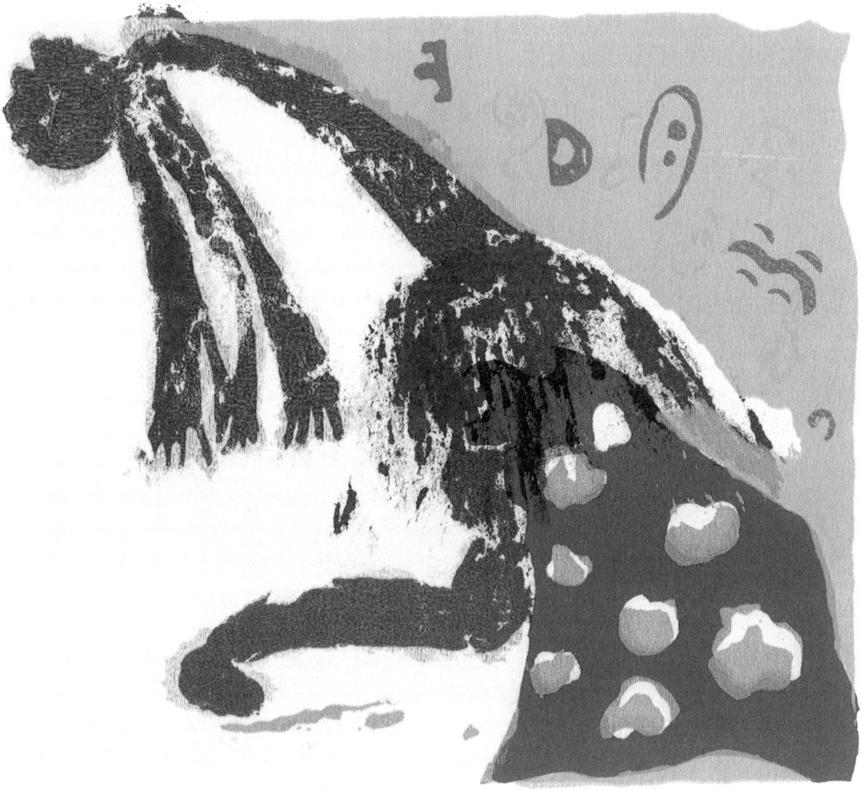

你要的是爽我要的是溫柔（絹印版畫）

是婦女的嘴巴太利，或是行爲太強勢才會被先生打……這些錯誤的概念，我們在手冊裡一項一項澄清。還有婚暴婦女想要逃家的一些準備工作，我們也都寫在手冊裡。另外是當時婚暴婦女最不熟悉卻又最需要的法律訴訟問題須知。這本小手冊我們命名爲《飛》，期待婚暴婦女能從痛苦的經歷如浴火鳳凰般重新展翅飛翔，創造新生命。我特地製作了一幅浴火重生鳳凰圖像的版畫作爲《飛》的封面。我們印了三萬五千本，不到一年的時間就全被索光，眞是讓人驚訝！可見當時台灣社會眞的有很多婦女活在婚姻暴力的陰影裡面。

「要求平等對待」的爭權行爲，如野火般蔓延

工作時，對外我們大力揭露婚暴的本質——性別不平等，呼籲社會對待婚姻關係、家庭關係要注重性別平等，才會擁有良善的婚姻、家庭關係；在婦援會內部，我們也要求董事會平等對待員工；在各自家庭裡，要求男女平等權益。我們想要實踐性別平等的心意是全然的，希望說給婚暴婦女聽的話——爭取性別平等，也要求自己在工作、家庭等場域努力實踐，打破威權和階級。「要求平等對待」的理念實踐如野火般蔓延，我們的發聲，有順利爭取成功的，也有不被接受的，有時甚至引爆意料之外

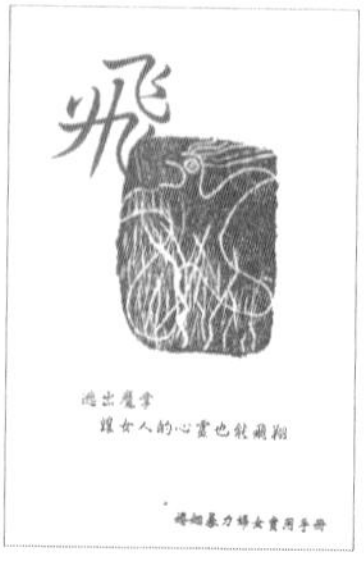

“這本小手冊我們命名爲《飛》，期待婚暴婦女能從痛苦的經歷如浴火鳳凰般重新展翅飛翔，創造新生命！”

的怒火。

我們在會內自發地爭取了許多員工的權益。首先是剛進婦援會工作時，董事會議只有執行長何姐可以參加，其餘工作人員都不能參與，我們覺得這樣很不公平。我們認爲董事們跟所有工作人員應該是一起打拼的夥伴關係，會務應是平等式參與，董事會會議過程必須公開化、透明化，所以董事會當然要有工作人員代表出席參加開會才合理。大家將此事提出來跟何姐討論，何姐非常認同，她在董事會提議此事，得到多數董事的同意，之後我們推派企宣組的胡來鳳當代表，出席參加每次的董事會議，爲員工權益發聲。

其次是L認爲台灣社工員的薪資與工作付出不成比例，尤其在婦援會當社工簡直就是用生命來服務婦女，應該調高社工員的薪資與頭銜。來鳳將這意見提到董事會議上討論，也被董事會接受。另外，又發生年終考績的事件——當時工作人員的年終考績由執行長與董事們來考核，結果一出來，不是不及格就是六十幾分，大家快昏倒，那麼拼命工作怎麼是這種年終考績？大家起而抗爭，來鳳代表將員工的提議：「除了執行長、董事的考核之外，應該也要有員工自行考核，兩者綜合之後成爲最後定案考績」，帶進董事會討論。最後董事會決議由擔任律師的沈美眞董事長親自訂定一份年終考績辦法，並接受我們的提議由員工自核考績。

會裡的行政事務爭議慢慢解決之後，我們開始提出婚暴社工專業上的問題，婚暴組需要一位外聘督導。婦援會每年年中都會舉行一次董事與員工外宿兩天一夜的交流會議營，當時是在烏來雲仙樂園裡舉辦，在婚暴組報告時我們提出這要求，但是何姐不同意，她認爲她就可以督導婚暴組的業務，不需要再外聘一位督導。我很喜歡何姐的爲人，也很敬佩她在行政事務上的全力付出，更感謝她對我的照顧與愛護，但是在婚暴社工服務的專業上，我認爲她已經沒辦法給予我們指導。在會議上我很誠實地說出自己的看法，當時自以爲眞誠地實踐「平等對待」，忽略了何姐的「心情」，卻因此不自覺地傷到她了。

又爲了支援「新知家變記者會」，我和L也與董事們有所衝突。所謂「新知家變記者會」，就是一九九七年婦女新知工作人員王蘋、家珍、炳珍開了一場記者會，說她們一直關注性解放、愛滋、公娼與同志等議題，而新知的董事會卻希望走婦女參政與教育議題，她們堅持自己的想法而遭解雇。我與L兩人私自前往出席支援。我們兩人用個人名義參與，並沒有以婦援會的機構名稱出席，但是隔天報紙報導出來卻寫成「婦援會兩名員工前來支援……」有董事非常不贊成我們出席新知家變的記者會，覺得我們倆人根本沒有搞清楚事情始末就跑去亂支援。

剛開始我以爲或許董事她們會擔心我與L受新知家變的影響，因爲婦援會員工也不斷爭取平權工作關係的權益。後來有一位董事對此事比較了解，說明給我們聽，她認爲王蘋她們不是在爭取平權工作關係的權益，因爲她們其實已經享有這樣權益。新知董事並不是不贊成討論性議題，而是認爲不應只是談性議題而忽略其他婦女權益議題，但是王蘋她們不接受。許多新知的資深董事爲了此事傷痛無比。

雖然我們沒像「新知家變」那樣嚴重，但是我個人是從另一個角度很正面看待「新知家變」，新知是當時最棒的婦運團體，倡議女性權益，我認爲也只有新知能培養出來會公開「發聲」的工作人員。就像我們在婦援會對外從事婚暴服務爲婦女增權，當然對內也要爭取平權的工作環境。雖然我們沒像「新知家變」那樣嚴重，但是後來爲了實踐婦女運動的平權理念，由L擬訂一份要求董事會實踐婦女運動平權對待工作人員的聲明，多數員工簽名連署。沒料到，這份聲明引起幾位老董事們大反彈，尤其創會的董事R老師，她認爲自己爲婦援會盡心盡力，卻被控訴剝削員工，令人太傷心了，便辭去董事。我從高中時代就非常敬仰R老師，所以進到婦援會每當開董事會時遇見她，都很開心地特別跑去打招呼。當我們的連署導致她的離職，我也很難過，但是並沒有進一步去理解R老師受傷的心情，因爲她並不是婚暴組董事，我少有機會實質接觸，與她不夠熟悉，就不知道如何去關照她的情緒。

在辦公室這段動盪期間，當沈美眞律師的董事長任職到期，竟沒有董事願意出來接任。最後住在花蓮的李子春檢察官以「我不入地獄，誰入地獄」的悲壯姿態跳下來當董事長，每星期都遠從花蓮來台北與會裡工作人員深入討論，結果眞的做了一些改變。這次事件的良性發展，就是許多董事都紛紛進一步深入了解我們的想法，發現我們的確很用心想讓工作更有效率，也發現婦援會的組織架構可以做一些調整。

那陣子爲了抗爭、要求組織再造，我們一票工作人員常常下班後還一起聚會討論。印象深刻的是，有天晚上，大家聚會吃飯之後，又努力地討論組織改造的問題到深夜，要結束時，企宣組的來鳳說：「我覺得我們每一個人都好美麗！」這句話眞是這一群想要實踐平權理念的女人的最佳寫照。

除了在工作領域爭取平權之外，有些工作人員也在家庭裡實踐平權理念。已婚的女性跟先生爭取家事平分、自我空間、女性情誼時間，其中一位工作人員的先生無法接受，兩人夫妻關係緊繃，還爭吵，最後她離家出走到另一位員工家裡住。未婚的女性在家跟父兄爭取性別平等對待；像我未婚，與父母、兄嫂、姪兒一起住的大家庭，晚餐是大嫂掌廚，我負責餐後洗碗，我請大哥吃完飯之後自己將碗筷拿到洗碗槽，大哥居然說：「妳看不慣就搬出去自己住啊！」，我氣爆了。另外，我跟男朋友之間也出現許多衝突，比如說我會爲了去參加抗議遊行而取消與他預定好的約會，或是爲了跟女性朋友出國旅行而放棄回台東與他相聚的約定……這些爭取平權的行爲，讓他以爲我不重視這份感情而經常有所爭執。

開放的女性情誼

雖說爲了實踐平權理念，我們在工作、生活上都各自面對一些衝突、不愉快，但是同仁之間卻發展出深刻的女性情誼。一九六〇年代，西方女性主義強調女性千年來受到男性意識形態的壓迫，爲了瓦解父權文化加諸女性的種種社會、文化上的歧視與不平等，她們提出連結女性力量、倡導女性情誼等策略，企圖建立「姐妹之邦」來抗衡男性社會。我在婦援會工作期間，剛開始救援組還有一位男性社工，大約半年後他便離職了，至此婦援會的工作人員全部是女性。當時，我們並不明瞭西方女性主義所倡導的「姐妹情誼」，因此，不能說是在實踐女性主義，而是一群女性做著服務弱勢女性的工作，自然而然從工作中產生的女性情誼（由於眞實世界裡女性也存在著階級、種族、國族、性取向等等的差異，一九九〇年代，歐美黑人女性主義者與第三世界的女性主義者批判「姐妹情誼」的普同性是「第一世界白人中產階級女性主義」的宣稱而已）。剛開始是午餐、晚餐大家共同外出覓食，說說笑笑。後來是有意識的聚會，下班後，我們會去找有特色的餐廳來飽餐一頓，然後談論一些私密的話題。

除了吃飯、有意識的聚會深談之外，我們也會有主題式的活動，去北投洗溫泉紓壓，去天母商圈逛街買衣服。甚至我們還去女同志 pub 玩耍。週五一群人下班之後，先去吃晚餐，吃完，七點鐘就進去那 pub ，結果一個客人也沒有，太早了，服務員說

我選擇放縱自己不去管別人的眼光
（黑白木刻版畫）

大約要到九點才會有很多客人；最後我們自己玩，聽著音樂亂跳舞，沒到九點就離開了。

大家的感情就這樣逐漸建立起來。到了員工旅遊在綠島時，更發展到「赤裸相見」，不過只有我一個人赤裸見大家啦！之前移居台東期間，由於台東的溪水和海水都非常潔淨，讓我養成裸游習慣。綠島的朝日溫泉正是我在台東的裸游舊地，因此婦援會員工旅遊到這裡時，我立刻跳下去裸泡，不過沒人跟隨。

隔一年，員工旅行換去馬來西亞綠中島，我們住在綠中島山坡上美麗又寬敞的獨棟別墅裡，每一棟住兩人，其中一棟的浴室居然是露天式，躺在大浴缸裡泡澡便可以看見美麗星空；其中一晚，大家便相約到這露天大浴缸拍裸照。這下可是全部的人都「赤裸相見」了。各各擺出最美麗的姿態，留下原始身體美麗的倩影！（後來一位新進工作人員說，她之所以選擇來婦援會工作，是因爲應徵面談那天，她一進婦援會大門就看到一群女人圍著看著什麼東西開懷地笑著，那種氛圍很吸引她。其實那時我們就是開心地在看綠中島所拍的「裸照」呢！）

當時工作同仁之間的女性情誼，不是只有我們自己而已，而且擴展到同事的朋友，以及同事的朋友的朋友。當我的台東好友來台北過情人節，是借宿在行政人員G的家中，大家一起歡度情人節。企宣來鳳有一位高中同學好友品品，常常來我們辦公室，她爲人爽直，笑聲獨特，我們也把她當成好友對待。品品有虔誠的宗教信仰，也帶我們一起去淡水某姐妹的家中聚會，佩玲也帶著她幾個月的大女兒出席，大家都玩得很開心。當時我們的心是很開放的，對來婦援會找我們的婦女開放，對自己會內工作人員開放，也對同事的朋友們開放，那眞是一段很美好的女性情誼經驗。

跟婦援會說再見

一九九八年春天，婦援會工作人員爲了讓組織更有效率，建議將執行長以下分成兩大部門，一個是「福利部門」（我們的服務是在提供婦女應享有的福利），管理慰安婦組與婚暴組；另一個是「行政部門」，管理會計、總務與企劃宣傳；兩部門各新增一位主任，我們稱之爲「組織改造」。

大家天翻地覆搞了很久，在董事長李子春檢察官的努力之下，組織終於改革了，而且L成爲福利部門的主任。很遺憾，組織改造之後，執行長何姐與同仁之間的做事方式與理念差異並沒改善，最後整個會務運作非常不順暢，更沒效率。工作人員都很疲憊了，五月份大夥出國到馬來西亞的綠中海好好地徹底放鬆。何姐沒有跟我們一起出國玩，她到韓國參加國際慰安婦的會議。雙方回來之後，彼此之間還是無法同心，對於我們要求平權的理念何姐並不是那麼支持，她反而滿腔熱血，要我們不要再鳥這些小事了，趕緊一起來做事。由於雙方都堅持自己的理念，不願改變，導致會務空轉，董事會爲了瞭解雙方的狀況，便派了一位董事進駐辦公室，觀察一段時日後，董事會決定支持何姐。工作人員很失望，提出全體離職。

婚暴專責董事廖英智挽留佩玲與我，但我眞的感覺身心俱疲，寫了一封信傳給他，信裡還亂套用了唐朝詩人李商隱的詩句：「春蠶到死絲方盡，蠟炬成灰淚始乾」。告訴廖董，我身心俱疲，眞的做不下去了。大夥決定全體離職，眞酷，我們是玩眞的。廖董把全部工作人員邀到他的辦公室，想了解我們的狀況；最後他下了一句話：「我沒看過連行政人員也這麼有女性自覺！」接著，又有兩位董事也來到會裡與工作人員深談，想了解我們的想法，也勸說我們不要離職，大家找辦法解決問題。從下班談到隔天清晨。我們都被兩位董事的誠意感動到了，決定不集體離職，而是看個人決定去留。我還是決定離職，實在是身心都累了、倦了。

我的身心俱疲是有多重因素的，其一當然是婚暴工作量太多，身體開始負荷不了；其二是會裡人事、組織內耗令我心生疲憊；最後是我正面臨喪父與失戀的雙重心靈煎熬。L很早就看出婚暴組人力不足，早晚會達到「社工員身心耗竭」的臨界點；雖然婚暴服務的工作對我而言充滿意義，但是現實上就是人力不足，工作一年半就走到「身心耗竭」了。而在會裡我們力爭組織改造，雖然實踐了平權理念，然而與何

歡愉自己．滿足自己（併用版畫）

姐鬧得不愉快，讓我心情很沮喪——同爲婦運工作的女性，彼此之間何必鬧到惡臉相向？我覺得很不值得，可是卻又沒辦法解決，情緒常常因此不開朗。私人方面，我同時遇到父親因病去世、男友劈腿而分手，驟然失去生命中兩個重要的男人，讓我的心緒也跌到谷底。社工員的工作需要敏銳的心靈感受和反應，自己身心都不健全時，眞的就不適合這份工作了。顯而易見，我該離職了。

離開婦援會時雖然身心俱疲，卻還是滿懷感激：感謝何姐對我的賞識，感謝廖英智董事對我的肯定，感謝許多董事接納我們對組織體制的衝撞。當然，最最要感恩的是，有一群女性情誼的工作夥伴。在婦援會一年半熱血澎湃的生命歷程，很爽，很値得！

多麼希望當時的我，智慧多於熱情

在婦援會工作成長很多，最要感謝的是「患難與共」的受暴婦女們。離開婦援會之後還是與幾位服務過的婦女持續聯繫著，漸漸變成是朋友，離家的香苓便是其中一位。之前提到過，她放下三個孩子一個人離家，她先生願意做諮商，但是來兩次就做不下去了，我們也爲她的孩子做過團體輔導一個暑假。最後因爲先生不願意接受香苓分居的提議，也不要離婚，更不願意讓她回來看孩子，也不准孩子與她聯絡，香苓自己也沒有離婚的想法，結果，婚姻關係就這樣擺著。我很心疼她，離職後，一有機會就去她工作的服飾店看看她，關心她的生活狀況。

幾年後，有一次去看她，她滿臉笑容說讀高職的三女兒主動與她聯絡了！這是手機普及的時代，人手一機，香苓的先生無法控制孩子使用手機與媽媽聯繫。她好高興，之後也與三女兒見面，得知所有孩子的狀況。只是很遺憾，以前在家與她最貼心的大女兒最不諒解她離家出走，始終不願意跟她見面。雖然如此，香苓能知道孩子的狀況還是非常開心，能夠與三女兒持續聯繫著，更讓她歡喜不已。我當然也爲她開心。說實話，離開婦援會之後，我自己也經歷了一些生命事件，尤其家族中有新生命誕生，我協助撫養嬰兒，感受到「母子」般的緊密生命情感之後，我更能體會香苓被迫必須拋下三個子女的痛苦，那是多麼令人不捨的遺憾啊！甚至我會想到，假如當時我們能更有智慧地服務她先生與孩子們，那是不是會有更圓滿的結果？

離職七年後，有一天香苓打電話給我說，她先生打電話給她娘家說他有女朋友了想要結婚，希望能和她去區公所辦離婚手續；她想想自己都已經離家七年多了，不可能再回家了，也不該阻礙先生的姻緣，便答應離婚。她想找婦援會社工陪她一起去，我便幫她與婦援會聯繫，剛好佩玲是執行長，也還記得香苓，便說會安排社工員陪她去，請香苓確定好日期之後再直接與社工員聯繫即可。不料，幾天後香苓又打電話給我，說辦理離婚手續那天恰好婦援會社工員都沒有空，無法陪她去區公所，我就說那我陪妳去。

當天我們約好在香苓先生的住家區域的區公所見面，她先生一個人來，香苓則是由表妹陪伴來，我跟香苓的表妹擔任離婚證人。辦完離婚手續之後，四個人走到區公所大門外，香苓的前夫突然叫住我：「都是妳，都是妳們婦援會破壞我們的婚姻！」我當下真是愣住了，這句話他十年前就罵過我了。那時是在婦援會，由義務律師賴淑玲幫忙她們夫妻倆做調解，香苓希望先分居，她住外面，假日再回去看孩子；另外也希望與先生一起去做婚姻諮商，可是她先生死都不肯接受分居，也不要去做夫妻諮商，最後調解不成，香苓又堅持不回家，她先生便指著我罵：「都是妳，都是妳們婦援會破壞我們的婚姻！」

這事令我非常感慨，七年歲月，我經歷了許多變化與反省，而香苓的前夫對婦援會的怨恨卻持續七年沒變。我也愧疚，從前的我不夠成熟，不夠有智慧，沒能更積極處理好香苓她前夫的心理輔導，假如那時能找尋適當的諮商師，是不是能讓香苓的前夫更理解婚姻關係中的平權問題，而不要含恨這麼多年？

生活歷練越多之後，越對於在婦援會從事婚暴工作時所服務的婦女產生許多感慨與內疚：假如那時的我，能更成熟、更有智慧，服務方式能更圓滿一些，是不是香苓就不必承受與孩子們分離的痛苦？或是，至少她的孩子們能學習去理解父母親的分離？她的前夫的憤恨能少一些？……

假如能重來，多麼希望當時的我，智慧多於熱情！

當然，時光不能重來，我的愧疚其實只是自我反省的哀鳴而已。女性的生命力是非常強韌的，尤其經歷過婚姻暴力的婦女，她們來婦援會求助時，是生命最低谷的時刻，跨越低谷脫離暴力環境之後，她們又能勇敢地生活下去。我曾問過香苓，會不會後悔離家出走？她說：「不會。」她覺得離家出走後，雖然不能與孩子一起生活，爲了餬口非常辛苦地工作著，但是精神上自由自在，不再像以前在婚姻中精神壓力很大，一到夜晚就很緊張、焦慮；而且走到現在，終於找到一份喜歡的工作，有著一群關係友好的同事，在信仰上一心向佛。她說她越活越快樂。

女人美麗的生命，延續傳承下來了

那個帶著四個孩子離家出走，最後爭取到孩子監護權，不拿前夫任何錢的小玫，在我離職後，也成爲一直與我保持聯繫的朋友。小玫沒再婚，完全靠著自己的力量養活孩子，現在二女兒大學畢業了，大女兒白天工作晚上讀大學夜間部，三女兒、小兒子也都在大學就讀中。兩年前她帶著一位四歲小朋友來我家看我，說這是大女兒的女

青少年與剛出社會工作時的我
（紙凹凸版畫）

兒，她的金孫。看著這個相當靈巧、可愛的小女孩，我衷心祝福小玫艱苦過後的幸福滿滿。去年年底她又帶著金孫女來我家，只是這回多了一位年輕美麗，穿著短裙、長筒馬靴的時尚女子，那年輕女子一看到我就開心地叫著：「阿姨好！妳都沒變乀，連髮型都一樣。」我愣了一下，小玫笑著說這是她大女兒，去婦援會時才小學四年級，現在已經二十五歲了。天啊！看著眼前小玫這個美麗時尚的大女兒，我完全沒辦法認出這是十幾年前那小小瘦瘦的小玫帶著來婦援會的那個憂愁的大女兒。女人，果然韌性堅強無比，我眼前這三代同堂的女子們，成熟的小玫、時尚的大女兒、靈巧的大女兒的女兒，女人美麗的生命，延續傳承下來了。

在書寫這篇文章時，小玫的大女兒打電話給我說她因爲白天的工作遭到不公平的剝削，已提出離職，但是比工作契約的期限提早了一個月，因此，她算是毀約，按照合約規定需要賠償老闆二個半月的薪資。她覺得老闆爲人剝削員工，她已經忍耐很久了，即使最後一個月她也不想再忍了，她想要去告她老闆。我心疼她又要工作又要讀夜校已經很辛苦了，還要進行訴訟，就建議她找人去與她老闆協商，她居然堅定地告訴我：「纓花阿姨，我不要協商，這是我的權力，我要讓老闆知道，她不能這樣剝削員工的權益。」漂亮，小玫教養出一位懂得捍衛自己權利的女兒，她多年來的辛苦有代價了。

其實小玫的大女兒頭腦聰慧又行動力強，自己也有一些法律人脈，她完全自己找尋方法解決，我沒幫到什麼忙，只是給她支持與鼓勵。後來，老闆甚至還找人到學校警告她，要她賠錢，不然就讓她在專業領域找不到工作，她完全不妥協，她自信地說：「學校知道我的爲人，導師也完全支持我，她們封殺不了我的。」最後她到工作地的縣政府勞工局提出申訴。我告訴她一定要堅持，她說：「阿姨，妳放心，我會堅持下去，我不像我媽媽那樣順從、呑忍。我會捍衛自己的權益。」堅毅的小玫養出一位充滿能量又懂得爭取自己權益的女兒。眞棒。

我不必再有內疚的遺憾了，女人自有生命的韌度與勇氣。我需要的是，記得，永遠記得，當時在婦援會工作的我是一個，眞誠、眞情地爲婦女服務，充滿勇氣與熱血的女人。夠了。

註：為了保護受暴婦女，本文皆用假名，個人背景資料如居住地、職業、子女數、子女性別等等，亦經過變更。

吳佩玲

台灣台南人，1995年起當台北人。

2013年在做的事情：
專業家庭經理人
台灣青少年醫學暨保健學會幸福9號 打工者
社團法人台灣失落關懷與諮商協會 監事

學歷：
國立台北護理學院生死教育與輔導研究所
東吳大學社會工作學系推廣教育學士學分班
靜宜大學商學系

專業資格：
社會工作師
英國正念中心第一階段正念認知治療（MBCT）

經歷：
台灣失落關懷與諮商協會 秘書長
婦女救援社會福利基金會 大安婦女服務中心 主任
婦女救援社會福利基金會 執行長
臺北市家庭暴力防治委員會委員
內政部家庭暴力及性侵害防治委員會委員
婦女救援社會福利基金會 社工員

獲得獎項：
內政部100年度全國推動家庭暴力、性侵害及性騷擾防治工作有功人士

熱情的社工魂

讓「平權．女性意識」的種子長成大樹

口述／吳佩玲
撰文／纓花

人生的改變，不是一蹴可幾，往往是默默進行，就像一粒種籽深埋內心，等到適當機緣，它發芽，漸漸長成一棵大樹，我們才明瞭心中的熱情原來不可限量。

天生的，我對人很有興趣，也很容易敏覺到人的情緒和關係狀況。大學時主修會計，入學不久，我就參加台中張老師中心一整年的輔導諮商訓練，通過考核成為義務張老師（簡稱義張），開始在課餘從事輔導工作。在張老師中心服務非常充實、愉快，我發現自己很適合做助人的行業。大學快畢業的時候，一方面準備考彰化師範大學的輔導諮商研究所，同時也想參加救國團的專任張老師（全職有領薪資，簡稱專張）的考試。最後，輔研所落榜，專張的考試也因為不是相關科系背景而無法被推荐參加（當時專張的招考是由各地張老師中心推薦自己的義張參加考試）。不過，我內心從未放棄助人的心願；畢業前，與在台中張老師中心的專張纓花、及另一位義張好友一起成立「3＋1工作坊」想要做助人的事業，後來因為種種因素無法如願，三人只好拆夥各奔前程了。

婦女比兒童重要

過了五年，纓花來找我，說婦援會成立婚姻暴力專線，需要兩名社工，她已經應徵上，還缺另一名，她向婦援會執行長何碧珍推薦我；她問我想不想與她一起工作？當時我隨先生從台南搬到台北，剛到一個民間兒童福利機構擔任企劃宣傳，即將滿試用期三個月。我很想做直接服務，但一般社福機構不願意起用沒有社工相關背景的人，資格上沒辦法，只好從企宣開始做。做企宣行政工作很忙，機構規定要寫工作日誌，每個禮拜開會時，都會看到大家的工作日誌內容，我的那一欄每天都寫得滿滿的，可是社工人員那一欄只有四個字：訪談個案。一天只訪談一至二個個案，我心想，做社工只要做一件事，還眞爽眞輕鬆……雖然我在企宣工作上駕輕就熟，但想要做直接服務的心願一直是存在的。我認爲婦援會願意錄用非相關科系的人當社工，機會難得；當然，能夠和好朋友纓花一起工作，也一直是內心的期待。所以我就答應去試試。

婦援會的面試非常順利，何執行長立刻決定錄取我，但是我沒辦法馬上就職，因爲原來的企宣工作必須先辭職。面談回來後，我立刻向這個兒童福利機構的執行長提出辭呈，他很驚訝，覺得我工作表現良好，爲何要離職？他問我是不是覺得薪水太少，可以幫我調薪。我說不是薪水問題，而是我很想做直接服務，假如可以從企宣轉成兒童服務的社工，我就願意留下來。可是他說這沒辦法，社工必須是相關科系畢業的人才可以擔任。他又試著要挽留我，說兒童服務工作比婦女的更重要，我明確地告訴他，我自己是婦女，自然會去想了解婦女，做婦女服務的工作；他不死心，還是想說服我，他認爲我目前沒小孩，只會看到自己的需求，等我生了孩子就會想要爲孩子工作，在兒童福利機構工作對於教養小孩會很有助益，那時候我就會想要轉回兒童服務的工作了。我回答他：「我不確定以後我會不會因爲孩子而轉回兒童服務工作，可是我很確定我現在很想做婦女工作，很想做直接服務，這是機構無法提供給我的。」不久，另一個主管也來找我談話，說了很久，還以加薪、升等的方式來慰留。我心意已定，最後還是離開了。

後來，從事婦女工作這幾年裡，我自己內心也常常思考：有孩子之後，會不會爲了孩子又想重新回到兒童的機構裡面去工作？其實，我心裡很清楚，婦女眞的比兒童重要。一般人都會認爲兒童比較需要被照顧和關心，但是我認爲婦女比兒童重要，因爲我必須先照顧好自己，才有可能去照顧我的孩子、理解我的孩子；我很難想像，如果不在意自己的權益，如何去到兒童工作領域裡面去理解我的孩子、學習怎麼保護我的孩子、怎樣與孩子相處？所以我選擇走進婦女工作領域，除了因爲熱愛直接服務，也因爲想成爲性別工作者。

危險的婚暴服務工作

婦援會婚暴組專線在一九九七年的二月十四日情人節當天開線，一開線只有纓花

“我認爲婦女比兒童重要，因爲我必須先照顧好自己，才有可能去照顧我的孩子、理解我的孩子，”

與研究員L接電話開案子，我到二月底才加入她們的服務行列。一到職，沒有所謂的適不適應，立刻就忙得天昏地暗，每天中午一手接電話一手拿筷子吃便當地接個案。專線服務不過開張兩個多月，就收到七百個個案求援。如果不是董事會緊急決定將婚暴電視廣告停止，求援人數暫時減少，我與纓花可能因爲工作過度繁重而提早陣亡了。還好，當時我雖已婚，卻還沒有孩子，家中只有我和先生簡單的小夫妻倆人，都在上班，生活很單純，在工作上可以全力以赴。我先生與我是在台中張老師中心擔任義張的同期夥伴，歷經相識、相戀到結婚，兩個人都一直是義張，他很認同婦援會婚暴組的服務工作，非常支持我的投入。

過去在張老師輔導個案時，都是求助者來張老師中心，我們服務方式是處理個人的心理層面問題，從來不必走出辦公室大門。只有在擔任青少年專案輔導時，必須到青少年的家中或學校進行輔導，走進他們的生活裡。一般來說，輔導青少年時，走出門去遇到的家長或老師對我們的輔導角色都還滿肯定的，輔導過程也不會有什麼太大危險，頂多是輔導對象的住家地處偏僻，或處於龍蛇雜處的色情區裡，不然就是家長身上有刺青，有黑道背景；而且爲了安全考量，我們都是兩個義張一組出門去做青少年輔導服務。因此，張老師中心當義張，無論是成人諮商或是青少年的輔導，就是盡力做好服務工作，服務完就回到自己的生活，感覺個案與我是兩個世界的人。

剛入婦援會時，我認為自己可以輕鬆勝任婚暴組的社工工作，如法律訴訟、出庭陪伴、安排住宿；尤其法律訴訟我不算陌生，以前在張老師輔導過的青少年，大多是家長、學校想放棄的所謂的「行為偏差」的國中學生（事實上，這些青少年的行為並不偏差，只是一般師長不知如何對待，或無法接納。）不免會碰到有官司在身的孩子，我有陪伴找律師、出庭之類的經驗。在婦援會工作一個月之後，我發現婚暴個案的型態非常多元，需要處理的問題又很個別化，幾乎每一位來求助的婚暴婦女都有其獨特需求。之前在張老師的青少年輔導經驗相形之下，簡直是小巫見大巫了。

那時候的婚暴專線電話，透過全國性的報紙、電視廣告和7—11募款宣傳，可說整天響不停，我跟纓花兩人是拼著命在接案子，一遇到困難，就找研究組的L與婚暴組主責董事廖英智律師一起討論。廖董事非常支持我們，除了盡力拓展資源，也給我們很大的自主權。每個個案的情況變化萬千，都得靠社工員見招拆招。有一回，與纓花陪著一位逃家的越南籍婦女到台北市的某公園與她的先生見面。這位外籍婦女因為無法忍受先生的粗暴語言的虐待，帶著四歲幼兒離家來婦援會求援；她想離婚，也想擁有孩子的監護權。我們與案夫連絡之後，他說很久沒見到兒子，很想念他，一定要先看到孩子是平安的，再來談離婚的事情。我們就約在公園見面。

這案夫一見到個案就劈里啪啦罵她爲何狠心帶著孩子離家逃跑到外面吃苦，邊罵人邊走上前拉著孩子的手臂，說孩子的祖父很想孫子，一定要把孩子帶回去。個案當然不肯將孩子給他，拉著孩子的另一隻手臂，夫妻倆人就這樣搶起孩子，孩子痛得大哭。這種搶奪孩子的場面完全出乎意外，當下大家都愣住了，我一回神，立即叫纓花趕快去附近派出所找警員來保護個案與孩子，同時上前去勸阻他們不要搶孩子，孩子會受傷的。案夫放掉孩子的手臂，轉向我，瞪大眼睛罵我爲何要破壞他們的家庭，一副要將我吃掉的樣子。第一次面對這種場面，我心裡非常緊張害怕。還好，纓花帶著警員及時出現，案夫一見到警察，氣焰就消下去，不敢再囂張。我們也就趕緊把個案與孩子帶離現場，速速離去。

這件爭奪孩子的案子，我印象非常深刻，因爲後來還在我家附近的圖書館看到這個案夫帶著那孩子。那時候我嚇一大跳，居然在生活中看見曾經與我們爭奪孩子、有過衝突的男人，當下，那種感覺很詭異，好像突然明瞭原來我與個案是共處在同一個生活空間。說實話，心裡是很沒安全感。

經歷過幾次短兵相接的震撼教育，慢慢地我也懂得要如何保護個案和自己了。有一回，一位住在北海岸偏僻山區的受暴婦女離家出走，我將她安頓好在婦援會附近的旅館，她說離家時很匆忙，許多重要證件都沒帶出來，請我陪她一起回家去拿東西。

隔天一早，我陪她回去，先到當地的派出所表明我的工作身分與個案的需求，請求派一位男警員陪同我們回去個案家拿東西。我還有印象，她家滿乾淨的。我們進入她家大門，案夫一看到個案回來，一直求她不要走，個案不爲所動；案夫便轉而遷怒於我，瞪大眼睛看我，我感覺情況不對，趁著案夫還沒發怒之前（通常案夫都會遷怒社工），要趕快閃人；趕緊請警員陪同個案進去房間拿東西，然後，我立即退出來到大門口外面等候，等個案拿好東西出來，在警員陪同下，我們馬上離去，安全地完成任務。

保護個案是社工的責任，社工的自我安全與個案安全權衡之下，我們總是先選擇保護個案。懷孕四個月時，我曾陪一位受暴婦女到士林的家事法庭，出庭後，在法庭外面遇到案夫與案夫的父親。他們兩個男人一見到我與個案，就大聲斥罵我們，我馬上擋在個案前面，叫個案先離開；判斷個案已走遠，很安全了之後，我才走出法院，可是案夫與他父親卻緊跟著我，可能有看到我穿著孕婦裝，光咆哮而不敢動手。那天下著雨，我撐傘走到法院大門口外的人行道上招計程車，他們兩個男人追到我身旁繼續罵，我心想要罵就隨你們罵，只要不要打人就好；而且法院大門口還有警衛，我看到警衛有注意到我們三個人的狀況，就更放心了。

—女人（水彩畫）

不料，等我一招到計程車，打開車門想坐進去車裡時，那兩個男人居然拉著我的手，不讓我上車。這下我心裡眞的緊張起來，希望法院大門口的警衛趕快過來救我，可那警衛就只是看著，並沒有任何行動。還好旁邊路人走過來看發生什麼事情，我立刻請他們去叫警衛過來處理，警衛一來到，要案夫放手，我拿出婦援會婚暴社工的名片給警衛看，並簡單說明一下事情的經過，警衛就保護我坐進計程車。上了計程車之後，我心臟怦怦跳，仍然非常擔心他們會搭計程車追蹤我。

這次經驗眞的嚇到我了。之後，婦援會董事長李子春檢察官覺得婚暴社工外出工作眞的會有危險，就規定要爲婚暴組的社工投意外保險（我相信那是全國首創爲社工加保意外險），預防哪天我與纓花眞的爲了保護個案，而被案夫怎樣了，好歹也有一點保障。說實話，這份婚暴社工的服務工作還眞是比以前擔任義張的青少年輔導服務危險幾百倍！好佳在，天公疼好人，我與纓花做了一年半的婚暴組社工，兩人都沒有發生過什麼危及生命的事情，沒領過意外險的理賠。

顛覆傳統社工工作模式

在婦援會做婚暴服務工作，總的說就是接個案，處理個案的各種需求，回憶起來就是一直忙、一直忙。我們很眞心誠意地關心個案的身心狀況，可是對自己的同事反而會忙到忽略了——像我與纓花是好朋友，她父親因病入院，初期我還會到醫院幫她父親做氣功，後來工作實在太忙了，竟然不知道她父親過世的噩耗，沒能及時給她支持。另外，像纓花知道企宣來鳳是養女時，居然內疚得很，自責怎麼對同事那麼不關心。我們對婚暴工作眞的付出到「忘己忘友」，L常講我們是用生命在做服務婦女工作。

當時的我並不知道我們這樣投入有何特別之處，就是理所當然覺得應該如此。事隔多年，聽丁雁琪說起我們當時積極、熱血的態度對她的衝擊，才知道我和纓花顚覆了許多傳統社工的服務模式，像前面提到的：夜間安排婦女住進旅館、與案夫搶孩子、陪個案到夫家拿東西、被案夫阻止上車的經驗……傳統社工員不大會遇見這些事情。雁琪那時位居台北市政府北區婦女中心主任，是一個關懷婦女權益的公務員，她說政府的社工員開會時大多死氣沉沉，可是一有婦援會婚暴組社工出現，就顯得生氣勃勃；她非常期待與我、纓花一起打拼。果眞，雁琪離開了北婦之後，應當時婦援會董事林方皓的邀請到婦援會來擔任婚暴組的督導，只是那時候我與纓花都離職了，沒機緣共事。（做了一年，雁琪對體制外的民間婦女團體覺得很失望，便離開了，重新回歸政府的婦女機構工作，採取體制內的改革策略。）

我想我和纓花之所以有「顚覆性」，最主要是我們的態度積極、熱情，比較貼近婦女的生命，還有我們也打破很多專業倫理的界限。不過總的來說，有關「打破專業倫理界限」的部分，還是纓花實踐得比較多；我除了因爲個性理性、冷靜，而與個案的關係沒像纓花那樣親近，主要還是心裡認同「專業倫理的安全界限」的必要性。比如說，纓花會將個人家裡的電話給一些比較緊急的個案，而我沒辦法這樣做；另外，纓花會與個案分享個人的情愛經驗、生命歷程，可說是將個案當朋友了，這我也沒辦法做到。以前在張老師受訓時就非常嚴格要求輔導員與個案之間要有安全距離，義張不能用個人名字，只能以代號與個案建立輔導關係，不能有私人情誼。

其實，婚暴婦女的緊急狀況很多，與張老師中心固定式的諮商輔導差異很大，服務工作無法死守專業倫理界限。由於當時接案的自主性很高，也沒特別標明說要顛覆傳統社工模式，因此，對於打破專業倫理界限的做法，我沒去找纓花、L深談此事，只單純認爲這只是社工個人性格的關係，並沒有意識到自己被這些專業倫理深深地枷鎖住。所以對於與纓花的作法不同，我內心沒有衝突，也沒有想要改變。一直到了離職之後，我當黃淑玲董事的研究助理，做都市原住民婚暴的研究時，才體驗到打破專業倫理界限的必要性。

“我們在婦援會工作時，以「平權與女性意識」服務個案，當然對董事會也如此爭取「平權」對待，以及合理的薪資待遇與員工福利。”

力爭平權的工作環境

以個案爲主體的社工服務模式，在現今來看是非常普遍與必要的社工工作處遇模式了，然而在九○年代末的台灣社工界，無論政府機構或民間社福團體都還是強調以社工專業爲主，婦援會以婚暴婦女個案爲主體的服務方式，是一種很前衛的做法。當然這也不是只有婦援會的社工才這麼做，應該說當時比較激進的婦運團體，像粉領聯盟、婦女新知、晚晴協會的社工都是以婦女爲主體，爲婦女增能的服務模式，大家共同爲爲台灣社會掀起一股強調「女性權益」的平權意識熱潮。

我們在婦援會工作時，以「平權與女性意識」服務個案，當然對董事會也如此爭取「平權」對待，以及合理的薪資待遇與員工福利。由於婚暴組的工作非常忙碌，我們根本就沒有多餘的心力去思考這些，倒是敏銳的研究員L會先想到這些事情。比如說，董事會會議起初只有執行長參加，當時執行長是非常善良體貼的人，如果我們對董事會有意見，她會很委婉地轉達我們的意見，如果董事們有人對工作人員有意見，她又會爲工作人員說些好話。她覺得這種作法是爲兩邊好，事實上，這方法效果不佳，兩邊都無法眞正相互了解，反而造成一些誤解，工作同仁比較期待能夠面對面溝通。L提出建議，認爲董事會議也應該有一名工作人員代表參加，表達大家的意見。

她又提出爲社工加薪的意見，認爲婦援會的社工都是拼了命在工作，應該要有合理的待遇；另外，她還要求年終考績的方式應該更公平、公正、公開。L的這些洞見總是得到全體工作人員的支持，大家一一向董事會提出，最後也都得到董事會善意的回應。

在爭取平權的部分，我覺得態度最重要。L與纓花都認爲工作人員、執行長與董事會的關係是「夥伴」；董事會對會務有決策權，但是決策方向應該依照工作人員提供實務操作的發現結果來擬定。女性意識重視「夥伴」關係勝於階級分層責任制，同仁將董事會視爲工作夥伴的心態很重要，有了這種心態就會很願意與董事們討論工作狀況，一起解決工作的困境。當時的婚暴組與主責董事廖英智律師，就是以如此的「夥伴」關係共同工作。婚暴組一發生什麼事情都會馬上與廖董討論，廖董也非常尊重與支持我們社工的想法與做法。那時候婚暴組和他常常晚上開會到很晚才下班，可是沒有人有怨言，因爲連義務職、一毛錢都沒領的董事都與我們一起奮戰到那麼晚，那領薪水的我們更沒話說了。

對於平權的工作氛圍關係，我內心非常喜歡且認同，因爲之前有過美好的平權工作經驗。結婚初期和先生在台南生活，我曾在一個戒癮機構擔任企宣，機構組織很小，只有兩個專職人員與一個兼職會計。兩個專職人員，一個掛名執行秘書，負責所有行政與活動；另一個就是我，除了企宣工作，求助個案也要接，還要帶義工團，工作非常忙碌。但是這執秘非常注重夥件關係，而且理事會也不干預我們兩人的工作內容，工作起來很有效率而且愉快。這段記憶長留我心，對於L與纓花的平權工作理念我當然很接受，只是我的表達方式和態度，不會像她們兩個人那樣清楚、堅持。

我了解內在的我，仍是一個「順從」的人，一個有權威階級觀念的人。譬如說，到婦援會應徵工作時，執行長面談後對我很滿意，只是最後她特別問我：「因爲婦援會的工作人員很少，各組需要彼此支援，以後如果慰安婦組需要妳，妳願不願意轉過去慰安婦組工作？」當下我立刻說好。我認爲執行長就是我的主管，她說要我幫忙，我不會說不。或者像工作的時候，L與纓花常常會反駁執行長的意見，很多衝突發生，但是我不會這樣，我大多會接受執行長的意見，即使內心很不贊同，當下也不會直接跟她嗆聲，而是事後再用比較婉轉的方式表達我的想法……原本以爲這種順從權威的性格在婦援會工作一年多之後，應該有慢慢在改變了，卻在離職前發生一件大事，才讓我看清楚，自己的改變並沒有想像中那麼多。

當時，大家發現會裡工作的組織架構只有執行長與工作人員兩個層級，不符工作實務所需，大家建議董事會組織再造。剛開始董事會並不同意，工作人員力爭了一段時日，最後，新上任的董事長李子春檢察官接納組織再造的建議，執行長以下分爲行

認真、奮力、懶散、心很亂的人（石版畫）

政部門與福利服務部門各一名主任。L從研究員升職擔任福利部門主任，行政部門主任還懸缺。有一天，L私下來找我談，要我接任行政部門主任一職，我想說L找我幫忙，我就答應了。不料，纓花知道此事之後，非常憤怒。

剛開始看到纓花盛怒的樣子，我並不太明瞭這事情有何錯誤，需要生這麼大的氣？我無法理解她的憤怒。後來與纓花深談，她認爲L一直灌輸我們要實踐「平權的工作關係」的理念，怎麼自己當了福利部主任之後，反而違背自己的理念，搞黑箱作業，自行挑選行政部門主任？這應該是要公開與大家討論的。我才發現原來我內心還是殘留威權觀念的毒素——我認爲L升爲主任了，那她就是我的主管，主管來邀請我去當行政部門主任，我應該支持，也接受了這是機構與工作上的需要，於是沒有深思就接受了。纓花反彈那麼大，才讓我比較深入反省，也發現組織再造之後，我們也跟著變回以前威權的思維了，唯一沒有改變的是纓花，所以她才會那麼憤怒。

經歷過這些事情，我才慢慢地思索：「誰擁有權力？這些人如何運作權力？是暗中操做？還是明白地運作？」這些經歷與思考，讓數年後我重回婦援會工作時，更能看清楚「權力」的面貌，也時常提醒自己不要成爲權力的濫用者。

一顆「平權・女性意識」的種子

小時候周圍的女性長輩，我母親、姑姑都是有工作，能獨當一面的女性。尤其我母親，她很有個人主張，獨力經營一家美容院，自己就是老闆，什麼都親自掌管；她教養我的方式就是，我想做什麼她都會支持。姑姑們雖然單身，有工作也很有自主權。我可說是在一群有能量女人的涵養下長大的，從不覺得女性地位低下。

我父母親生了三個小孩，我是長女，下面有兩個弟弟。由於大弟身體不好，天生有心臟方面的問題，母親需要多花一些心思照顧他，四歲以前我主要由祖母照顧，她對我非常疼愛，讓我到長大都一直擁有愛人和溫暖的能力。很遺憾，祖母與母親婆媳不合，為了爭奪我的情感，她常常對我說我母親是重男輕女。上幼稚園之後母親將我接回家親自照顧，我發現母親對待三個孩子的態度都一樣，並沒有重男輕女。

不過長大後我才明白，母親看似沒有重男輕女，但思想上還是認為兒子最後會跟父母住在一起、照顧父母，女兒卻是要嫁出去的。因此，小時候她隨便我想做什麼就做什麼、完全不限制我的行為的教養方式，原來並不是因為她認為應該男女平等，反而是因為她認為我早晚都要嫁出去，不是那麼重要，就不限制我，隨便我了。後來是在成長過程中，弟弟的學業與工作都平平，我的表現卻一直比弟弟出色，父母才變得比較重視我；加上我結婚離家之後，弟弟一直單身住家中，卻不太會照顧父母，反而是我常回去看顧父母。近幾年，我媽變了，常感慨地對我說：「妳這個女兒勝過好幾個兒子。」說完這話，卻又撂下一句：「只可惜不能跟父母住在一起。」（直到結婚時，我看到先生家族的生活方式，才感受到重男輕女的氛圍。不過，他們也沒到男尊女卑那麼嚴重，只是婆婆的心裡會特別注重兒子的聲音與想法。）

由於我是在相對平權的家庭環境長大成人，對「平權」理念自然認同；又從小見識過有能量的女性長輩，對於「女性意識」我當然可以接受與實踐。但在個性上，我是一個比較內斂、順從的孩子，出了家族範圍便接收了學校、社會環境的男性中心的威權文化，有階級的觀念，認爲要服從長輩，服從上司。大學剛畢業在啓智兒童機構工作，主管說什麼我都是服從、配合；第二份工作在台南，那個戒癮機構的執秘把我當朋友一樣對待，讓我知道什麼是平權的工作環境。後來在台北工作的兒童機構，同仁們都很服從執行長，而執行長與主管又有微妙的競爭，這些經驗讓我看到工作中階級的權力關係。

初到婦援會，看到纓花、L會與執行長因爭辯理念而起衝突，對我而言是很新的經驗，之前我從未在工作上與上司起過衝突。另外，與婚暴主責董事廖英智平權開會，共同討論要做什麼、沒有上下的分別，這也是全新經驗。對於執行長，剛開始我

“在婚暴組擔任社工的那一年半，內心深處早已埋下一顆「平權、女性意識」的種子了。”

並沒有太多不滿意或意見，就認爲她是主管，有督導工作人員的行政責任，而且我也覺得她是個好人；執行長沒太干預我如何接個案，也不會太計較小事情，我覺得她已經是個滿不錯的主管。但是接案幾個月之後，婚暴組與L常常討論個案狀況，進而整理出犀利的性別議題，我被啓發了，也發現自己有許多想法與執行長不同。由於個性比較內斂，我還是不會像L、纓花那樣直接說出自己的意見去挑戰執行長，而是默默地放在心裡。在行爲上我不是順從，而是「配合」，就是我願意配合她，也會找機會讓她知道我的想法，但是我不會用直接衝突的方式對待她。

我在婦援會體會過「平權」的工作關係，表面上「階級威權」的毒素沒減少太多，直到幾年後回來當婦援會的執行長，力行「平權」的工作關係與實踐女性意識的工作方式，我才明白，在婚暴組擔任社工的那一年半，內心深處早已埋下一顆「平權、女性意識」的種子了。

打破專業倫理的安全界限

擔任婚暴組社工時，我們會裡所有工作人員都像一整個團隊，各組間相互協助、彼此討論，連私人情感也很好。於公於私，大家交流很緊密，是一個好的工作團隊，又不會因爲私事去影響到公事，是一個很棒的運作模式。

不過，雖然有平權工作關係與友好的女性情誼，大家也很愛護這個機構，但是我們與執行長的互動因爲做事方法的不同逐漸產生嫌隙，執行長認爲同仁們衝太快，一直要拉住我們，她希望事緩則圓，而我們無法體會她的用意，反而覺得她太軟了。即使後來我們爭取組織改造成功，雙方的互動依舊不良，造成會務空轉。執行長以爲我們不滿意她，她認爲若自己離職就可以解決問題了。董事會極力挽留她，並派了人事主責董事全天候進駐辦公室深入了解情況，一個月後，董事會支持執行長。雙方情緒都搞得很低落，又找不到方法解決，最後全體工作同仁提出辭呈。我們一提出辭呈，董事們都來找各自主責的工作人員談話、挽留，但是大家還是覺得董事們沒有了解問題所在，依舊決定離職。我印象很深刻，當我們再度提出全體辭職時，當時的新董事長李子春檢察官、婚暴主責董事廖英智律師、研究組主責董事黃淑玲教授，三個人在同一天裡，輪流來會裡的辦公室，與執行長、工作人員深談、協調，努力尋找出可以解決的辦法，從晚上七點一直談到隔天清晨五點。那時淑玲董事才剛開完刀沒幾天，身體非常虛弱，爲了想知道我們的想法，不要命似地與我們長談。只可惜，談那麼久的時間，我們覺得執行長還是不了解我們爲什麼要那麼急切地實踐平權的行爲，大家都很失望、無力，覺得繼續留下來也無法改善情況。然而大家都感受到董事的誠意了，決定不全體辭職，而是看自己的個別選擇去留。最後，多數工作人員覺得執行長還是不會改變，就選擇離職，只有一位慰安婦組的同仁留下。

離職時，我已經懷孕六個月了，只想好好休息待產。不料，離職兩個月之後，纓花接了淑玲董事的國科會研究計畫的助理工作，需要到新竹山上的原住民部落做田野調查，爲期一年，想找我一起工作。田調工作好像滿有趣的，我就答應了。纓花上山之後，就一直打電話來催我是否可以上山去了？做田調她是個新手，很希望有人可以一起討論。可是挺著一顆大肚子的我，行動不便又需要休息，到人生地不熟的新竹深山實有不便，只好取消這份工作。生產完，等孩子兩個月大時，我與先生帶著小孩去山上找纓花玩，才發現新竹的深山好美麗。

纓花做完田調工作之後，跑去中國昆明雲南藝術學院進修版畫，淑玲沒助理了。緊接著一年，淑玲有個研究都市原住民婚暴的國科會計畫案，又需要一位助理。在婦援會時，我們服務過原住民受暴婦女的個案，發現不同族的原住民有其不同文化，婚暴的處遇方式不能用漢人這一套方式，而且纓花認爲應該培養原住民社工來服務原住民婦女會比較適當，當時我們曾將這發現特別告訴研究組董事淑玲。所以當淑玲邀請我擔任助理，我二話不說就答應了，認爲自己一定可以勝任，研究助理的工作應該比婚暴社工更簡單。可是等眞正做下去，才發現工作起來有些複雜，不是我想像的樣子。

的確，這份工作不必像做婚暴直接服務那麼忙碌，我只要到台北市區某一個原住民社區做婚暴狀況的調查就好。我以社工的身分進入社區，與社區裡的婦女建立友好關係，讓她們了解我這外來社工是幹啥的，然後再組成一個婦女團體，做深入訪談，最後再與諮商師一起做團體輔導。原住民婦女比漢人婦女熱情、開放，雖說我是社工，她們大多把我當成朋友看待。前面談過，以前在婦援會時我的角色很清楚就是社工，而且我也受到張老師專業倫理訓練，與個案保持一個安全界限，我沒辦法像纓花那樣將個案當成朋友。

淑玲這份原住民社區的工作，我要走進婦女的家庭裡，與這些原住民婦女產生非常緊密的關係，但這些婦女又不是個案，我的角色變得很多元，不再只是社工的單一角色了。當她們有困難時，我是社工，幫忙她們處理身、心的問題，陪她們上醫院、找工作；當她們歡樂時，我是朋友，與她們把酒言歡，恣意歡暢；當她們悲傷時，我是心理師，傾聽她們的心聲……之前堅持的專業倫理界限自然就模糊掉了。剛開始我有些茫然，後來我決定放棄角色定位了，直接以眞感情與她們相處。手機號碼也給她們，就像朋友一樣了，常常在凌晨時分接到電話，聽她們談著發生在眼前的恐懼和傷痛，給予慰藉。最後，心中那條無形的緊緊綑著我的專業倫理界限的繩索，就這樣被這一群原住民婦女的誠摯熱情與旺盛能量給融化掉了。

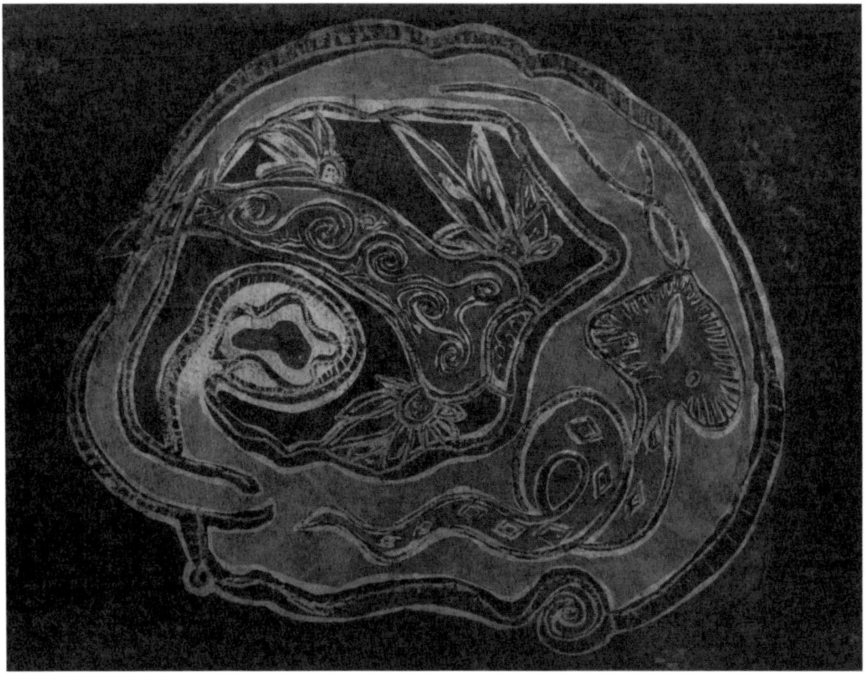

往內尋找本質的我（銅版畫）

此時，我才明瞭那專業倫理的界限並沒有所謂的「保護、安全」作用，因為與社區原住民婦女的界限消失之後，我並沒有處在危險狀況啊！反而和原住民婦女融合在一起，彼此能量互動成長。做完這份工作之後，我覺得生命變得更豐盛，對自己更有信心。

這份工作也讓我更明白不同族群，不同文化下的觀念與行為差異。像「守時」這個概念，我們漢人從小到大在家庭、學校、職場都會被要求「恪遵守時」，被教導說守時的人才會成功。然而原住民對於「守時」卻是完全不同的詮釋。每次與原住民婦女事先約好某日某時要做深入訪談，屆時我會準備好訪談題目、錄音工具，等著約定時間到來，想來一場誠懇、深入的對談。哪知，不是在訪談的前一天接到對方電話：「佩玲，眞對不起啦，因為我表弟從台東來找我，明天不能跟妳談話了。」不然就是，我準時到達約定的訪談地點，對方卻不在家，打電話也找不到人；隔天打電話找到人，才知道她是臨時和朋友到山上採野菜，完全忘記約定的時間了。

剛開始碰到這樣「放鴿子」式的不守約定，我心裡眞是有些不爽；後來深入觀察和交流，才了解原住民對漢人視以為常的固定時間固定地點的「訪談」是很陌生的。她們熟悉的「談話」是自然發生的，在工作之後、在親朋好友相聚之時，都是聊天的好時機，很少有原住民會在半個月前或一個星期前先與親友訂好「聊天」的時間、地點。甚至一天前約定都是多餘的，她們會說：「誰知道明天會發生什麼事？可能明天你就死掉了，還約什麼會！」

仔細想想，原住民這種「不受時間規範」的生活態度，其背後的族群文化哲理是比漢人更活在當下。深入接觸之後，我深受她們樂觀、熱情的族群性格感染，理性嚴肅的性情也被鬆動了，內心深處的愛冒險、愛挑戰的性格也被引爆了。

茁壯成平權的大樹

做完淑玲的都市原住民研究計畫案之後，我與淑玲、方皓共同發表了一篇都市原住民婚姻暴力處遇的論文。之後，我就開始過無業遊民的悠哉日子。爽快的日子還沒過滿三個月，當時擔任婦援會董事長的方皓就打電話給我說，她上任一年來都找不到適合的執行長，問我願不願意回去接這個職務？

方皓在輔導與社工界是很有名的諮商師，我與她認識是因爲在婦援會婚暴組工作的時候，有些個案需要做長期的心理諮商，我們就邀請她來幫忙接這種案子。有一次方皓來婦援會諮商完，留下來和我們喝下午茶，閒聊間，她說：「我做諮商不能再混了！」，我與纓花聽到這句話嚇了一跳，問她原因，她說諮商輔導界還是很傳統，很少人會用女性主義諮商理論來輔導女性，然而許多婦女的身心問題的確都是因爲「性別歧視」或傳統僵硬的二元性別關係所造成，尤其已婚婦女更爲顯著。她所謂的「不能再混了」，就是要拋棄傳統學術上缺乏性別意識的諮商理論，而改用女性主義諮商理論來做婦女的心理諮商。我們離職之後，婦援會聘方皓爲董事。據她說，是在參與服務婚暴婦女諮商時燃起熱情，她才加入婦援會董事會。一年後，她更承擔起董事長的職務。這眞是我始料未及的，因爲方皓給人的感覺很理性、很冷靜，竟然會熱血地接了婦援會董事長，眞是神奇。

在我擔任淑玲的國科會研究助理時，再度與方皓合作，協同她帶領團體輔導，我對她的專業能力非常佩服。外貌看似冷靜、理性的她，在緊密相處之後，才明白她是很純淨又好相處的人。我很喜歡與她一起共事。當我知道她打算接婦援會董事長一職時，一直勸她不要接這個燙手山芋，最後她還是用一股神奇的熱情接下這個義務職。在她擔任婦援會董事長期間，曾聽她提起過，我們離職之後那兩年多，婦援會的工作人員與董事都不穩定，人來人去的；原來的執行長何姊，在我們離職二年多之後也離開了，之後會務一直處在無執行長的狀態之下。好不容易方皓擔任董事長半年之後，請到一位剛從美國回來的專業女學者來當執行長，不料，她很不適應婦援會的狀況，幾個月之後就離職了。方皓簡直同時做著董事長和執行長的工作，眞是頭痛又疲累極了。

她看我做完淑玲的研究計畫案之後好像閒閒沒事幹，就來問我要不要回去婦援會做執行長？她認爲我對婦援會的情況很了解，能力也不錯，一定可以勝任執行長的職務。那陣子方皓常打電話來說服，我拒絕她兩次，我喜歡做直接服務，沒有想過要做行政工作，也不覺得自己有經驗和能力。後來她不死心繼續找我，說婦援會不能沒有執行長，請我一定要幫忙她，我說如果我的能力不能讓婦援會穩定下來，結果變成要結束這個機構呢？她說她不怕，如果眞的會做到婦援必須關門，那就讓我們兩人一起做這關門的動作。看方皓這樣懇請，彼此又做了最壞打算，我也有點於心不忍了。其實，自從與方皓一起帶過原住民婦女的團體輔導，心中也很想有機會再與方皓一起工作。最後，看方皓很可憐，就想說去幫忙，答應了她，回去婦援會當執行長。

方皓曾說過當時接董事長一職實在是太傻氣、太熱情過頭了，其實她性格很單純，並不適合這樣複雜的行政職務。婦援會婚暴組的業務她是很熟悉，但是慰安婦組卻是糾結纏繞，由於其議題是國際性的，某些董事、工作人員從一開始就相當投入，即使她們離開婦援會了，還是與阿嬤們保持相當良好的情誼，假如又與現職的董事、工作人員看法和作法不一樣時，情況就會有點複雜。由於我深知婦援會的狀況，所以要接執行長時，就先與方皓講好人事要如何佈局，她完全支持我，這樣我就比較安心地接下這職務了。只是我沒料到當了執行長之後，宛如陷入一個大泥沼，眞是有點悔不當初。

張愛玲小說裡的女人
（黑白木刻版畫）

一回去，婚暴組的社工與督導認爲我是空降部隊，對我充滿敵意，不久，她們集體離職。我的天啊！執行長沒做滿一個月，就開了一個大天窗。我咬緊牙關，重新尋找社工員，穩住婚暴組；另外再找來一位企宣能力很強的舊同事回來擔任副執行長，將募款事務穩住。費盡九牛二虎之力，一年後婦援會的內部終於穩固下來。我的領導風格，重視「平權」、「感情」，與工作人員打成一片，大家互相討論，各組相互支援，與董事會也和諧相處。尤其方皓董事長任期滿的時候，接下她棒子的是廖英智董事長，廖董之前是婚暴組的主責董事，我們非常熟悉，他爲人又講究民主、平權，對我非常信任，幾乎完全授權；他當董事長，我當執行長，我們合作得相當順暢、愉快。

現在回想起來，我擔任執行長似乎自然而然完全實踐當初婦援會同仁所爭取的「平權工作關係」。好玩的是，工作人員對於我這種平權態度，剛開始不是很能適應，一直說我執行長沒執行長的樣子；後來大家都接受了，也很喜歡這樣的工作氛圍。

以前在當婚暴社工時，我和纓花習慣與L密切合作，我們將實務接案上的發現不斷和L討論，L就會思考出一些倡議議題。像有一陣子婚暴組接了很多新移民婦女的求援電話，我們與L討論這個現象，L寫出鏗鏘有力的新聞稿，呼籲政府關心新移民婦女的婚姻關係、生活適應、親子教養、歧視新移民文化等現象。除了直接幫助來求助的婦女，我覺得這種倡議策略也很重要。

接了婦援會執行長之後，研究員職務一直懸缺。後來方皓希望我能推婚暴目睹兒童的議題，因爲婚暴太難募款了，那個社會氛圍，大家還是比較想保護兒童，方皓要我想看看這要如何做？我計畫先找一位頭腦清晰、文字能力強的研究員用文字報導方式進行倡議。果眞找到這樣的一位研究員，只可惜她沒有實務經驗，我就講很多我服務過的目睹兒童的狀況給她了解，要她用個案的角度寫；她就一直寫，幾乎每篇文章都有上報紙。後來最重要的一篇，刊登在中國時報的社論版，佔很大篇幅，大概三分之一的版面。這一篇文章引起很大迴響，她用了自己的生命故事，原來她曾經是一個婚暴目睹兒童。她都沒跟我提過她的經歷，我還一直拋目睹兒童的故事給她。這篇倡議目睹兒童的新聞稿非常感人，連董事王浩威醫師都把它剪下來，對我說我們把這議題寫得很好。這也讓我深刻體會到，以文字打動人心與用故事貼近生命，是做倡議的好方法。

重回婦援會才體悟到，當初跟在L、纓花身後力爭「平權」的我，表面上似乎沒有太多改變，只是在一旁幫著搖旗吶喊；其實不然，那一年半的經歷對我影響很大，早就在內心埋下一顆「平權、女性意識」的種子，到了擔當執行長時，就慢慢長成一棵茁壯的大樹了。

女性意識的婦女社工服務

執行長的職務做了三年多，整個婦援會的工作人員與會務在穩定中向前發展。廖董與現任董事長黃淑玲都曾說：「是到了佩玲當執行長，才讓在風雨中飄搖的婦援會慢慢穩定下來，佩玲貢獻頗大。」其實，婦援會慢慢穩定下來最大功勞是一群努力、認眞的工作人員的付出，其次就是有一個很挺我、信任我的董事長——廖英智。方皓離開婦援會董事會之後，有一次跟我說了一個大祕辛，她說：「當初我在董事會提出找妳回來當執行長，有一位資深董事相當反對，認爲妳以前在婚暴組當社工時要求平權，很會抗爭，她認爲妳不適合當執行長。但是卻有一位新任董事認爲婦援會的狀況都快倒店了，有人願意來當執行長就該鼓掌了。」還好，事後我的表現讓董事們刮目相看。

花了一年時間穩定住婦援會內部，我開始將重心轉移到外面，打算跟其他民間婦女團體合作倡議工作，因爲在婦援會內部動搖不定的這幾年，其他做婚暴議題的婦團早就持續地做很多倡議工作了，這部分婦援會已經落後了。當我開始試著與其它婦團接觸、合作時，讓我非常失望的是，二〇〇三年後的民間婦女團體，與九〇年代末我

在愛情裡我是無能的（併用版畫）

做婚暴服務時婦團並肩作戰的情景，差異甚大，說白一點，就是「爲了爭取資源、爭取媒體曝光率」，昔日那種婦團友好情誼，攜手合作的光景已經消失了。

做了三年多的執行長，覺得歷練得差不多了，因爲心中忘情不了直接服務，就下來當福利部主任。一位社工界的資深督導朋友知道我從執行長退下來當主任，對我說：「佩玲，妳知道嗎？妳影響我很大，我第一次看到有人可以從執行長下來當主任，還能支持後面的人上去當執行長。」這種在位階上可以自由移動的人，她說她沒看過。其實，在婦援會工作的幾年裡，我對於性別、階級的「權力」體悟至深。首先是從個案的身上開啓對「權力」的認識，看到這個社會對女性的成見與限制是如此的深化。未出社會工作以前我感受的是「權威」，老師、父母都是權威，我就是害怕與老師講話，我就是不敢跟我父母親頂嘴，小孩就是有耳無嘴。到婦援會與個案工作才感覺到什麼是「權力」，警察有警察的權力，司法有司法的權力，律師有律師的權力，丈夫有丈夫的權力，那個權力很清楚，只有個案婦女沒什麼權力。經過婦援會的婚暴服務工作之後，我對「權力」看得很清楚，如何使用權力，在於自我選擇，而不在「執行長」、「主任」、「社工」的頭銜上，所以位階的流動對我而言並不難。

後來，在二〇〇九年，我又獲聘去擔任大安婦女中心主任（大安婦女中心是婦援會承接台北市政府的專案），從事單親家庭的直接服務，我眞的如魚得水。首先我找

從個案的身上開啓對「權力」的認識，看到這個社會對女性的成見與限制是如此的深化。

了三位適當的社工員，組成理想的工作團隊。第一位是婦援會的婚暴組社工。她來婦援會應徵的時候，恰好在電視上看到一個節目，是于美人訪談慰安婦組的阿嬤，也有我，她覺得這些人很感動她；她複試時我是主考官之一（時任執行長）。她跟我說，她是看到我，才願意進來。她進來婚暴組當社工之後，卻與婚暴組督導工作理念不太合，適應得很困難；我看到她是個有服務潛力的社工，便主動花一些心力協助她調適心情與做工作上的安排，之後她工作的狀況越來越好，很投入。當我調到大安時，因為她也是單親家庭的孩子，就問她要不要來當社工？她看到我提的大安婦女中心的單親家庭服務的企劃，很感動、很認同，就自動請調到大安。

第二位是婦援會的企宣，她是社工系畢業，但是她在大學時對社工直接服務沒興趣，因為很多課程都要分享自己，她不習慣對著外人分析自己的內心感受。她大學時曾來婦援會實習過，畢業後去企業界工作數年，之後被婦援會聘請回來擔任企宣。在進大安之前她都沒接過個案，我覺得她的特質與能力很好，想請她試試看，花了一番力氣才說服她重新接受社工工作的挑戰。第三位是另外一個婦女中心的主任，我去她們那邊演講時認識的；她突然辭職，我就找她談，我說：「我是主任，所以妳沒有主任可以當，妳願意當我底下的社工嗎？」她二話不說就說好。她的工作方式本來就不是傳統的社工模式，她在大學是雙修，中文與社工。

在大安婦女中心，我的服務工作方式也改變了，我與個案之間的關係可以成爲朋友，我也接受我的工作人員與個案之間的關係可以是朋友。我調整了專業倫理的關係。我們四個人的工作模式都不是傳統社工的樣子，而是更走進服務對象的生命與生活。這是可行的，只要願意打破傳統社工工作的模式。當然這與她們的個性也有關，我的這三位社工的工作態度就像以前我在擔任婚暴社工時一樣，積極、認眞、熱情。她們本身的特質，是可以不用那麼維持專業倫理的界限，也不喜歡威權，我只要支持她們，不要限制她們，她們就會自然長得很好。我給她們很多自主權，而且會告訴她們，妳這樣做沒有問題，是對的，不然，她們也會懷疑啊；不和服務對象保持專業界限，這樣可以嗎？在專業倫理上，可行嗎？與個案建立像朋友的情誼，這樣做會不會有不好影響？……有時她們有困惑，我就與她們一起討論困難點與可以解決的方法，並支持、鼓勵她們的工作方式。我們四個人，同心協力完成許多創新方案與服務模式。

有信心這樣帶領她們，是因爲以前在做婚暴社工時，親眼看過纓花可以如此服務婦女。每當廖董感嘆，九〇年代那時我與纓花能夠顛覆傳統社工工作方式，都是因爲當時時代背景的氛圍，才能有那樣熱情、積極的社工，現在的大環境已經不可能產生這樣的社工了。我都會回他說：「我不完全贊同你這種看法，我認爲只要帶領的人用對的方法，就能引爆社工的熱情，而不只是時代背景的因素。」

在婦援會工作那幾年，我對於權力眞的看得很清楚，擔任執行長或主任時，注重的不是權力，而是情感，以工作人員、婦女、家庭的生命情感爲主體。主管與工作人員沒有什麼不同，有的只是職務不同、責任不同而已。我希望婦援會是一種平權的工作關係，各組相互支援、討論，所以努力建立一個跨組交流的平台，也得到同仁的認肯。

走出自己的女性生命風格

有感於台灣民間社福團體逐漸走上專業證照的制度，想做直接服務還是需要社工相關學歷或證照，非社工相關科系背景的我，在工作之餘，利用假日空檔時間去修習東吳大學的社工學分班，過了三年多職場與學校兩頭忙的日子。接著我又考上護理大學生死研究所，也在隔年考上「社工師」的證照。爲了顧好工作與家庭，我先辦理一年休學。一年後，先生看我要工作、照顧兩個年幼女兒，還要去唸研究所，擔心我身體累壞，便要我辭去工作，只要認眞讀書與照應家庭就好，他會養我的。

結婚以來，我與先生的夫妻關係一直都還不錯，並不會特別注意夫妻之間的權力關係，等到進入婦援會工作後，在性別意識上受到啓發與改變，明瞭到夫妻平權的

「慾望空間」三裸女（木刻版畫）

重要性，以及從個案的家庭關係裡看見夫妻之間的權力問題，漸漸地，我練就出一種自我風格的平權夫妻關係。在工作中我大聲疾呼爲婦女增能，回到家中，因爲我先生從小就在比較重視男性的家族長大，並不是一個實踐性別平等的丈夫，可也不是沙文的男性。我不想在家庭裡製造衝突，會自行篩選哪些事情可以爭權，哪些事情需要潛移默化家人。譬如說家事，我婆婆向來一手包辦，我先生自然會覺得家事由太太做是理所當然的；雖然他也會煮菜，但是都不收拾善後；吃完飯，我婆婆就會叫孩子去休息，不必收碗筷。像這些小小的家務分工，我以漸進的方法來改善，到去年我兩個女兒吃完飯會自己收拾碗筷，然後也會叫她們爸爸自己收碗筷，分工上比較平權了。雖然速度很慢，我可是細火慢燉，不著痕跡而確實地改變了她們。

能夠這麼堅持地暗地經營出一個平權的家庭關係，是因爲經歷過婦援會的磨練，我可以清楚地了解與抉擇，哪些時候我要使用我的權力，哪些時候我不必去強調權力。記得有一次我先生對我說：「佩玲，妳在婦女團體工作，看起來倒沒有那麼女性主義啊。」我只是報之以微笑。因爲我心裡很清楚，我是披著羊皮的女性主義者，我眞的明瞭該如何走出一片屬於自己風格的女性意識的家庭關係。

在婦援會工作，很夠本！

擔任婦援會婚暴社工時，我爭取過平權的工作關係，顛覆傳統社工的工作模式，經驗團隊工作的美好情誼，在心中埋下一顆「平權、女性意識」的種子。之後重回婦援會擔任執行長，我實踐建立平權與重情感的工作關係環境。調職大安婦女主任時，帶領婚暴社工打破專業倫理的界限，實踐以個案爲中心的服務模式。在這些歷程中，埋在內心裡的那顆「平權、女性意識」種子，發芽，成長，然後茁壯成一棵大樹。到了現在，這棵大樹開花結果，長出熱情的「社工魂」。我很滿意這樣的生命歷程，雖然其中有許許多多的高低潮起伏，曾經身心俱疲，卻也成長滿滿，友誼豐盛，心靈、智慧都收穫良多。在婦援會工作這麼多年的心得，一句話，很夠本！

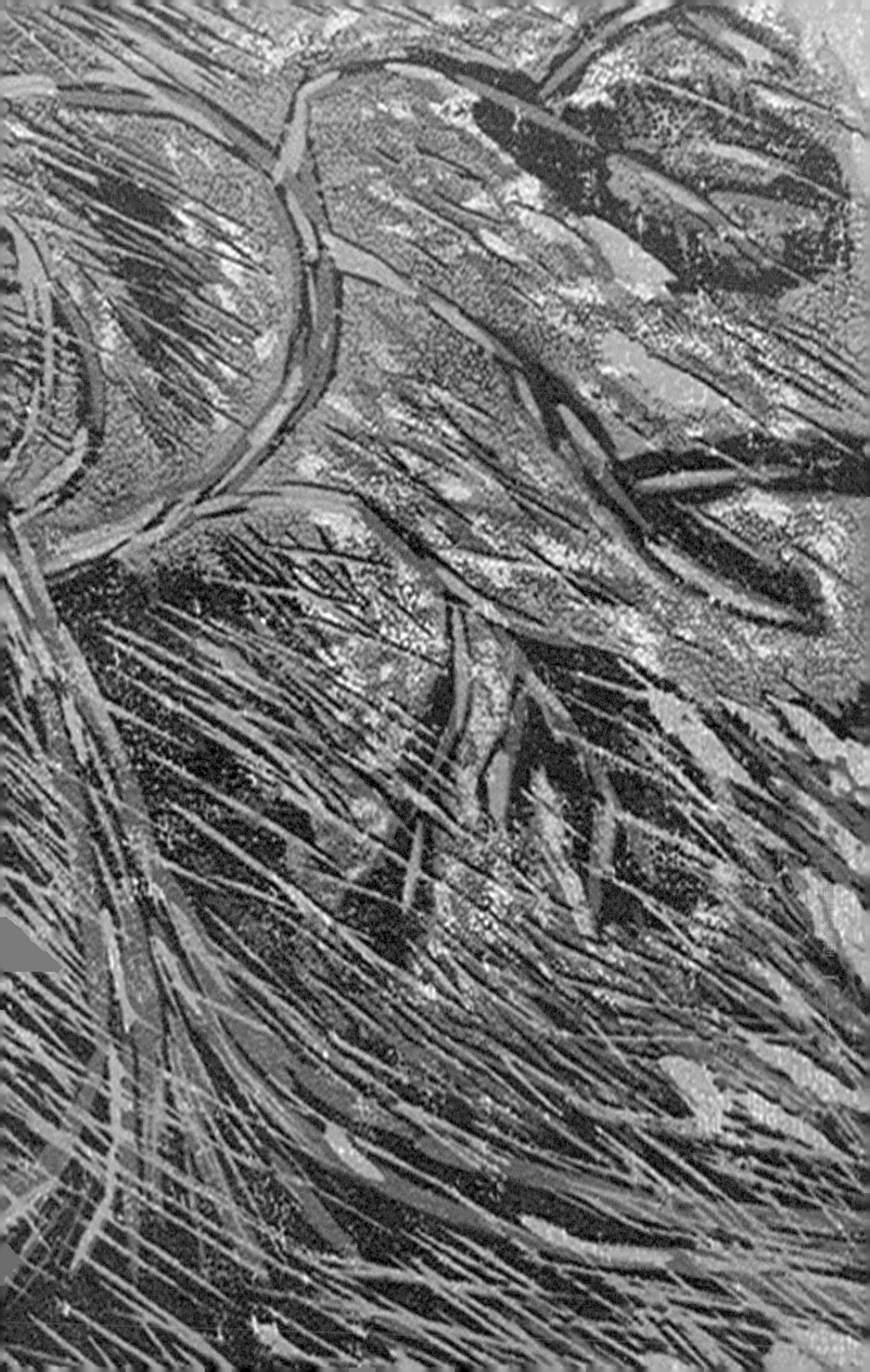

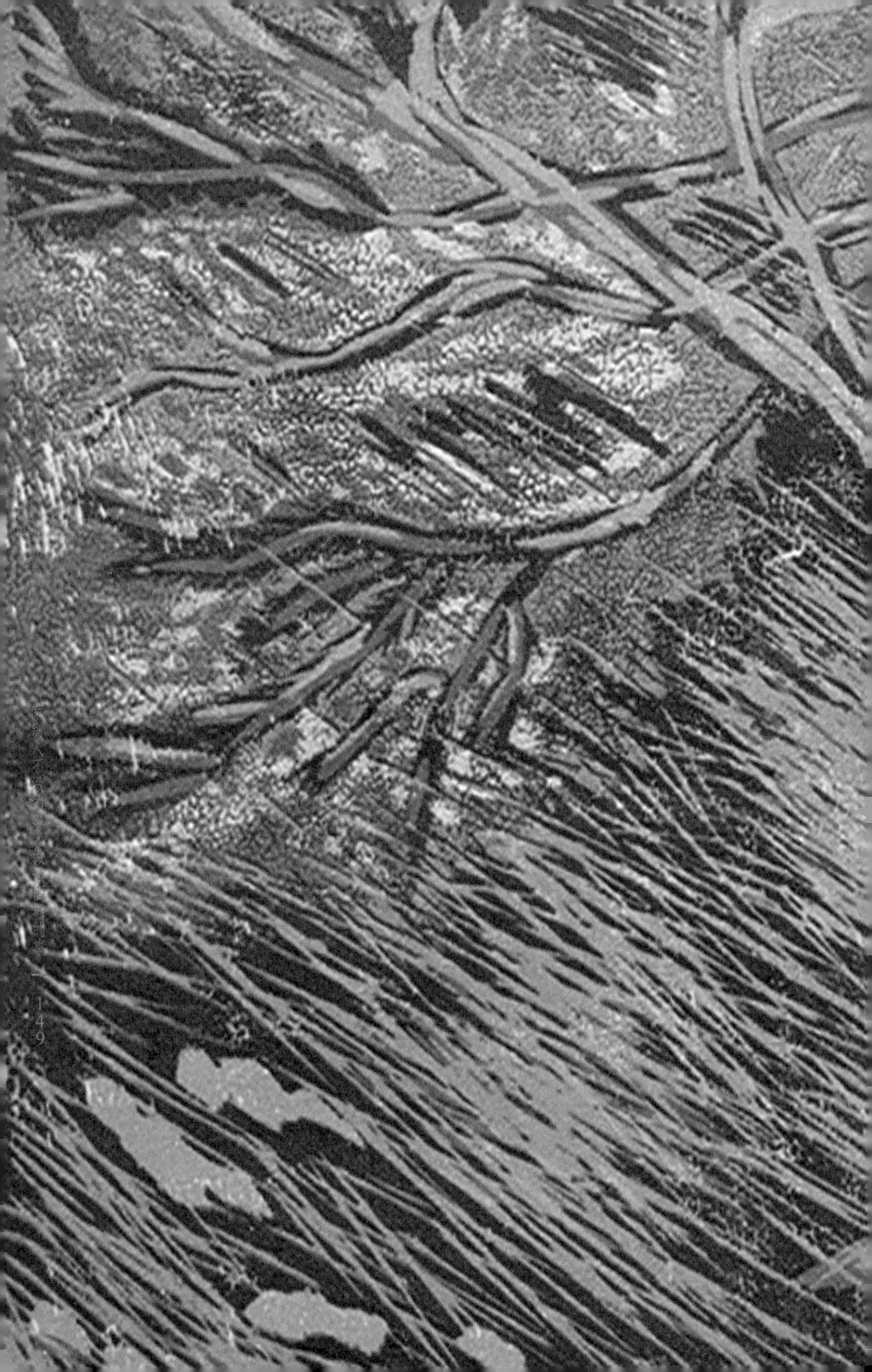

廖英智

學歷：
台灣大學法律系畢業
美國哈佛大學法學碩士

專業資格：
1988 年公務人員高考法制人員
司法官特考、律師高考及格

曾任律師工作，現任職於金融服務業

婦女救援基金會董事
(1991—1993，1996迄今)

我會一直在這裡

做別人不做的事，做困難的事

口述／廖英智
撰文／纓花

一九九六年，婦援會開始做婚暴服務。事緣有一回開董事會，當時的董事長沈美眞律師提出，「最近會裡接到許多有婚姻暴力問題的婦女打電話來求助」。大家研究之下發現，原來這些婦女先打電話到104查號臺詢問有什麼民間的婦女機構，可以幫助受到婚姻暴力的婦女？由於婦援會在104查號臺登記爲「婦女救援基金會」，有「救援」兩個字，因此查號臺工作人員就把婦援會的電話給她們。沈律師提議：「我們是不是開始來做婚姻暴力的服務工作？」大家熱烈討論之後，都贊成再增加「婚姻暴力組」，成立一支專線，增聘兩位社工員來做專線的服務工作。但是，由哪位董事來負責？沈律師認爲求助的婦女大多需要法律協助，所以應該由具備法律背景的董事來當婚暴組的主責董事。

做別人不做的事，做困難的事

那時候，董事會裡面有法律背景的就只有沈美眞律師、莊國明律師和我三個人，其中我最年輕，便自動請纓擔當這婚暴組的主責董事。當時董事會並未非常深入地討論要如何將婚暴推展成一個議題來倡導。因爲第一，不知道會有多少婦女前來求助？如果只有幾十個人來，那就無法發展成爲一個社會議題；第二，求助的婦女都是詢問要如何脫離暴力的情境？要脫離暴力情境，以當時的法律規定，婦女隨便離家是會被警察抓回去的，甚至幫助婦女離家的人會被當作略誘罪犯。在那個年代，受暴婦女若想脫離受暴環境會遇到很多法律上的障礙，因此我們也沒把握可以倡議婚暴議題到何種程度。

以前所謂「不堪同居之虐待」，當時法院的見解是要被打三次以上才成立，因此民間就流傳說，受到婚姻暴力的婦女要拿到三張驗傷單才能離婚。其實，當時法院的觀念已經逐漸在改變了，但是民間的觀念依舊如此。加害人有恃無恐，被害人一忍再忍。可是對於不願意容忍的、無法再容忍的，她需要協助的時候怎麼辦？在當時沒有一個機構或政府伸出援手幫助遭遇婚姻暴力的婦女。那時董事會的討論很簡單，「假如有別的機構做，我們就不要做」我們婦援會的資源眞的很少啊！所有董事都有一個共識：除非眞的沒有人做了，而且是一個具有難度的議題，別的團體就算知道有這需求也不見得願意做的，我們再來做。婦援會要做的議題應該跟之前的「救援不幸少女」與「慰安婦」阿嬤服務所做的一樣，一個創新而困難的議題。

當時我們還去看其他團體有沒有人做婚暴服務，甚至也討論到如果婦援會不做，會不會有別的團體做？大家認爲不太可能。因爲那時候的社會風氣，大家的觀念還很傳統保守，認爲婚暴是「家務事」，沒有法律保障，不能管。無論在法律上或社會觀念上，解決婚姻暴力問題很難期待可以有多大的突破。董事會對此密切討論，大家共識認爲法律上的幫忙是最關鍵的：脫離受暴環境之後，要如何結束婚姻關係，才能完全的讓加害人沒有任何法律上的藉口或依據來繼續糾纏，甚至繼續對這婦女施暴。

婦女比兒童更弱勢

我很早就在婦援會做義務律師。我是沈律師的台大法律系學弟，研究所畢業從事律師工作之後，她便介紹我進去婦援會當董事，並且擔任救援組的義務律師。一開始，會裡安排我做法律諮詢，那時還沒常態性，有需要才去；當時除了協助不幸從娼少女，我記得也接過零星的婚暴法律諮詢的案子——那時就是會裡工作人員誰接到婚暴婦女的求助電話，就誰接這案子，然後再安排義務律師去做諮詢。

除了加入婦援會之外，我也花時間參加台北市政府的兒少保護，做兒童保護的個案法律諮商；此外也在兒福聯盟擔任顧問。到了一九九三年，我因爲到美國讀書而中斷所有的義務工作。三年後，讀完書回到國內，沈律師又找我回去婦援會當董事。那時候我與人合夥開律師事務所，工作比較忙碌了，對我來說必須作一個選擇（因爲時間有限）：兒童跟婦女比較起來哪一個更弱勢？我仔細考慮過，覺得兒童的弱勢顯而易見，容易得到奧援，婦女的弱勢隱藏在保守的性別意識中，少被注意；相形之下，婦女還是比較弱勢。於是，我選擇讓我的時間用在婦女服務，辭去兒童聯盟的顧問職

“有心出來服務社會的人，不需要什麼清楚的理論論述，不需要「用力扭轉」什麼，只要「眞的去做」，就可以改變社會價值觀了。”

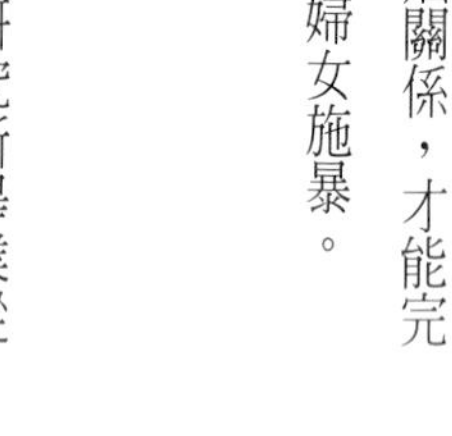

務，也暫別台北市政府的兒少保護工作。

擔任婦援會董事後，仍然不時遇見社會局的社工們。後來我擔任董事長，婦援會接了很多台北市政府的方案做家暴服務；期間，受託機構該做什麼事情需要討論的，我去了就會碰到從前在兒少保護小組時的戰友，那時在基層當社工的，後來都已經當主管，成爲家暴中心主任了。她們看到我就不會過度公事公辦，大家都明瞭我在這工作第一線服務很久，很多事情比較有同理心，也知道我們雙方需要一個很清楚的合作。

在社會改革的「純眞年代」

選擇回婦援會幫忙，和其他董事、同仁一起用心投入的感覺眞的很好。那個時代的社會議題非常多，隨便一個不公平現象的議題，就會有很多人願意去參與。有心出來服務社會的人，不需要多麼清楚的理論論述，不需要「用力扭轉」什麼，只要「眞的去做」，就可以改變社會價值觀了。在當時的環境下，只要是有熱情的民間團體，就很容易得到社會支持。不然，那時婦援會的婚暴組才兩個人而已，怎麼可能就做那麼大的議題，產生那麼大的影響？而且當時的社會氛圍，沒有一些奇奇怪怪的言語來質疑說爲什麼要做這些？算是價值感比較純眞的年代。整個社會願意認錯，願意說：

「我們過去是錯的，我們要改變」。在社會議題的討論與推動上面，民間團體幾乎可以自行決定要走多快多遠。

那時候，好像這社會有個決心：我們要自我提升、自我改變，我們願意讓大家變得更好。好像整個社會都有一個沒有說出來的共識，願意用正確的價值觀去替換錯誤的價值觀。所以，當婦援會看到錯的價值觀或錯的社會制度，我們認爲應該去打破它的時候，非常容易獲得共鳴。

另一方面，婚暴是發生在私密空間的事件，有經歷過婚暴與沒有經歷過婚暴的人，對整個婚暴問題的了解，差異非常非常大（就像我，假如沒看過受暴婦女的情形，我不會明白婚暴帶給女人這麼大的痛苦）。婚暴痛苦是沒辦法用想像力去想像，或用邏輯去推演的事物。所以婦援會婚暴組把被害人的遭遇眞實披露出來，再透過新聞、報導、活動、座談……讓社會大衆認知那傷害，是非常非常重要的一件事，因爲瞭解了才會有動力去解決問題。

當時政府是有一些爲婦女服務的義務法律諮詢，但不是以婚暴法律諮詢爲主，所以婦援會希望成立一支全國性的婚姻暴力服務專線，清楚地向社會大衆宣導婚暴議題。整個社會觀念恰好對於這個議題來到變化的轉捩點，婚暴專線開通之後，出乎意料地湧入大量電話，表示民衆的觀念轉變了，讓被害人有勇氣出來求助。

雖說大衆對於婚暴的觀念已經開始產生變化，但警察、媒體的觀念還是很傳統、守舊。曾有一位婦女來婦援會求助，她把她先生怎麼施暴的過程講得非常清楚，然後由我做法律諮詢，最後再由社工陪她去女警隊報案並申請庇護住宿。隔天，中國時報竟然把她的筆錄完整一字不漏地登出來——那表示記者一定是守在警察局裡翻筆錄照抄，才有辦法寫得那麼仔細。我一看就知道是那個案例，那婦女一看也知道是寫她。以前警察都沒有保護受暴婦女隱私的觀念，媒體也沒有這觀念。〈家暴法〉立法之前，大家都沒有這觀念。

一個非常成功的社會運動

婦援會的婚暴服務是一步一步走出來的。第一年接觸婚暴婦女時，讓我最震驚的是，婚暴婦女的年齡層分布很廣，從剛結婚、剛訂婚到五、六十歲的女性都有；受暴的類型也非常的多，精神、言語加肢體，加其他的暴力型態都有。我們做了一年就看出來，婚姻暴力在台灣社會是長期現象，而且數量不少，相當具有普遍性，不分社會階層；後來和其他地區團體或政府機構接觸時，也發現婚暴現象沒有地域差別。

九〇年代開始，台灣社會運動挑戰著社會的不公平現象，對人權、對女性、對弱勢團體的處境重新思省，帶來社會能量的突破，新的價值觀慢慢建立起來。婦援會和其他婦運團體在婚暴倡議上得到普遍支持，導引出整個輿論對這議題的關心，把社會的正義感和動能都帶出來。〈家暴法〉修法的過程，相對其他類型的社會立法速度是很快的，而且共識度很高。另外，〈家暴法〉所改變的不只在立法而已，而是整個社會跟政府部門：警察、檢察官、法院等相關的公權力機構；政府的服務機構，如社會局；政府民選首長……都很快地被改變。以速度跟強度來講，這是一個非常成功的社會運動。

〈家庭暴力防治法〉

一九九四年二月至一九九五年六月，內政部社會司補助婦女新知提出「婚姻暴力防治研究」一案，此案完成之後，婦女新知因無人力與經費，停止研擬婚姻暴力防治法的工作。現代婦女基金會接手此法案的研擬與推動，並採納臺北地方法院高鳳仙法官依據美國模範家庭暴力法（Model Codeon Domestic and Family Violence）、關島及紐西蘭等國的家庭暴力相關法規定研擬完成的「家庭暴力防治法草案」作為該基金會推動法案之基礎，所以法案就從「婚姻暴力防治」轉變為〈家庭暴力防治法〉。現代婦女基金會結合高鳳仙法官及專家學者，率團前往美國考察其法院、警察機關、市政機關及民間團體處理家庭暴力事件。現代基金會另邀集其他婦女團體，諸如婦女新知基金會、婦女救援基金會、善牧文教基金會等第一線服務團體、各領域專家學者、公部門（司法、警政、社政、醫療及教育等）代表，甚至包含受暴婦女，展開〈家庭暴力防治法〉催生工作。共召開二十八場對內研討會、十三場對外公聽會。

一九九六年七月十三日，現代婦女基金會董事長潘維剛立委在立法院完成連署，將法案送達立法院審議。

一九九八年五月二十八日完成立法。

〈家庭暴力防治法〉從提出法案審查至完成立法，總共只使用一年十個月。

參考來源：吳素霞、張錦麗（2011）〈十年磨一劍：我國家庭暴力防治工作之回顧與展望〉，《社區發展季刊》133期。

一切以受暴婦女爲優先

一九九七年二月十四日，婦援會成立婚姻暴力專線，並與7—11便利商店捐款合作，做全國性的電視廣告宣傳。之所以成立婚暴專線，首先是要跟會內其他服務做區隔；其次就是婚暴婦女有急迫性，成立專線有人接聽，受暴婦女可以隨時來求助。有些婦女在晚上九點、十點從暴力環境跑出來，我們必須陪同她們去找便宜的旅館先住一、兩個晚上。她們跑出來時身上沒有錢、沒有換洗衣服，我們就要準備錢給她們買一些隨身用品，幫忙安排安全的住處。專線開啓之後，大家非常密集地做著這些緊急救援。我常常需要臨時去會裡開會，甚至一個禮拜開會四天。那時我已經結婚了，而且和其他律師合夥開事務所；百忙之中，如果同時碰到事務所和婦援會的工作，我總是優先處理婦援會的事情，經常做到半夜一、兩點。

個案湧入太多、太迫切，婚暴組的行事根本沒時間向上報告，大家就是一直做一直做，每隔一陣子再向董事會報告一下。必要連結的社會資源超乎想像，往往跟董事會報告也沒用，我們婚暴組必須自己找尋資源網絡解決問題。

婚暴專線一開通，求助婦女迫切需要法律諮詢，我們便決定成立義務律師團。我記得，剛開始是由董事裡的律師，沈美眞律師、莊國明律師、我，各自推薦朋友，大約有五、六個義務律師，排時間輪流做法律諮詢。法律諮詢本來是一星期兩次時段，後來因應個案的需求，還增加臨時性的法律諮商。

那時很忙，我除了做法律諮詢之外，也接很多需要上法院訴訟的婚暴案件。記得有一次在板橋法院，連續兩個被害人的訴訟案件都由我做義務律師，湊巧碰到的法官居然是大學法律系的同班同學。那時候進度很緊迫，狀子一寫好就得趕快寄出去，根本就沒時間檢查有哪些疏漏，還好，遺漏之處法官就叫我當庭用口述補上，沒有把案件駁回。幸運地，這兩個案子開庭被排在一起——如果兩個案子時間差很多，我們就要耗掉整個下午在法院等開庭，兩個庭排在一起，可以節省很多寶貴時間。（必須聲明：當時我沒打電話關照過他，這可能是他或書記官的善意安排。也有可能是，當時個案的地址都寫婦援會，有些婦女的代理人還用婦援會的名義，所以書記官或法官比較願意給我們一點點合法範圍內的協助。）

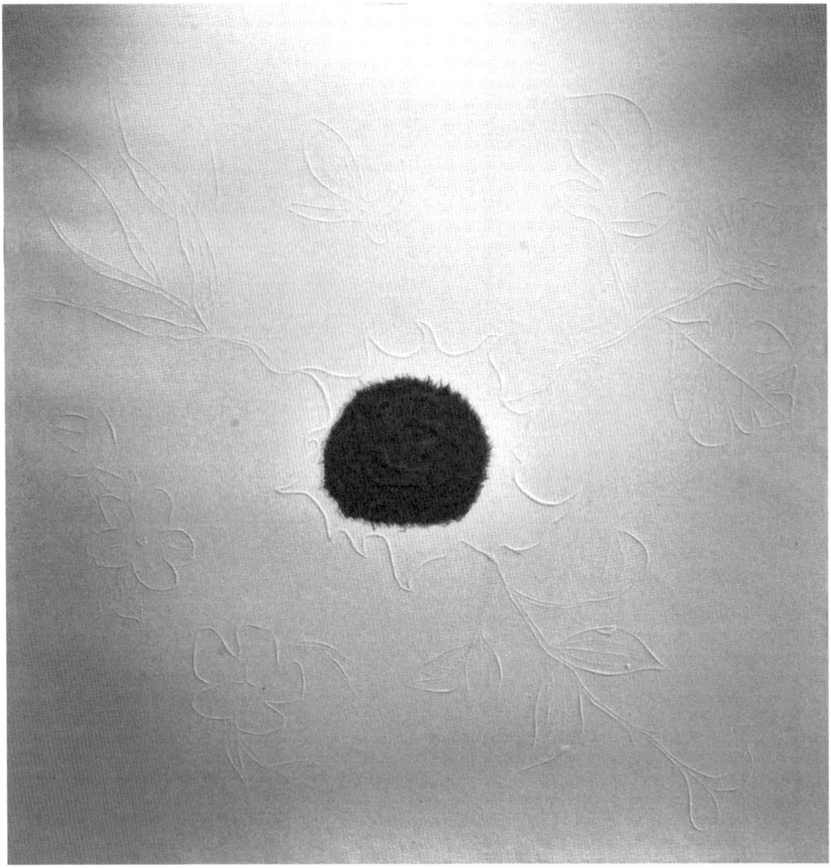

生命——作為一種力量（空壓浮凸版畫）

出庭時經常遇到突發狀況。譬如說，被害婦女脫離那個家庭了，加害人找不到她，一上法院猛然看到，他會威脅：「再讓我看到妳，我就把妳殺了！」對社工、對律師態度也都很兇，很咆哮。（加害人的這些威脅，開庭當場有法官、庭警維持秩序，他不敢罵人，是開庭前或是開庭後在法院碰到面才會出言恐嚇。）儘管如此，為受暴婦女打官司對我而言不算嚴重，以前服務不幸從娼少女的官司時，我曾遇過加害人打電話來婦援會說要到辦公室開槍。相較之下，婚暴加害人雖然出恐嚇之語，對被害人而言是眞實的威脅，對我來說倒不覺得那威脅很具體。

關於角色定位

在婦援會我有我自己的定位，做爲婚暴組的主責董事又是義務律師，必須先思考「如何與社工員一起工作？」我擔心如果主動參與太多個案的事情，恐怕會把社工的角色給模糊掉。其實我不可能做得比社工好，眞正能夠完整支持個案的，還是在第一線的社工；我的角色是屬於在第二線的，所以跟個案的關係就不需要那麼密切，在法律的部分發揮我的功能就好。假如發現個案有什麼特別需要幫助的，我就去找社工討論，而不是自己跑去跟個案提供意見。

接觸那麼多婚暴婦女的法律案件，我沒有碰到會主動跟我哭訴的個案，這可能跟性別有關係，我是男性，個案覺得我就是提供法律專業服務。另一方面，也是我已經定位好自己的角色，我跟社工員的角色一定要分開，不能夠兩個人都直接服務個案，這不是一個好的服務模式。此外，我擔任婚暴組的主責董事，必須協助婚暴組發展，當發現個案有新的需求時，可能之前我們沒看到或沒想到，因應這新的需求，我就要帶領婚暴組的社工一起思考怎樣去連接社會資源，或是思考怎樣調整我們的工作模式。我記得，我跟婚暴組的社工佩玲、纓花，三個人老是在開會，時常討論到晚上十一、二點才結束。

那時候還有一位研究組的研究員L，也對婚暴服務很投入。L的工作角色應該比較是倡導型，幫助婚暴組把問題整理分析出來，轉化成一個清楚的訴求。婚暴社工員在前線作戰，她在後方打筆仗。L會從平權的角度，挑戰舊有的工作觀念、方法與關係，希望不要由上對下的方式進行工作討論。有些董事無法接受她的想法，認爲她是組織的破壞者，但是我覺得這些觀念並不具有破壞性，所以在董事會裡，我基本上支持她的提案。

只是很可惜，她可能並未思考如何在一個組織持久發展，而比較想多多傳遞平權觀念；另外，雖然她不是真的要挑戰執行長，只是說不接受執行長的想法，不過她對執行長的說話態度，會讓執行長有壓力，也很容易讓其他工作人員覺得執行長的決策

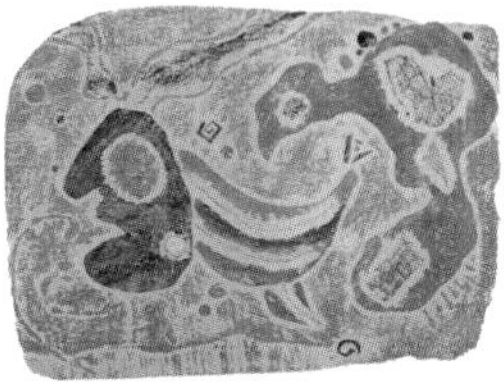

37歲的我（併用版畫）

不周延，或執行長的意見裡面欠缺足夠的女性意識、欠缺對個案的了解、欠缺對社會工作的了解。她會讓一個執行長覺得自己在專業上沒辦法帶領工作人員。（執行長的角色在組織上應該是管理者，婦援會的董事會向來卻都希望由社工專業很強的執行長來帶領，事實上這對執行長是不公平的。其實，如果接受執行長就專注在管理上，其他專業讓社工去發揮，也是可以啊！）

瞬間，我們推倒了紙老虎！

密集接觸受暴婦女之後，我深深感觸到，原來婚姻會帶給一個女人那麼深的痛苦！另外，我也體會到婚暴婚姻對女性的束縛力量還是很大，因爲不只她的先生和夫家的親戚負面地成爲她的枷鎖，連娘家的人也覺得「妳應該接受這種命運」，甚至於整個社會也沒給她支持。

當我們開始倡導，帶動清楚的新的人權觀出來之後，很多受害者就跟著站出來了：原來我是可以求助的，我不必再忍受這種非人的待遇。「打太太是錯的！」、「被打的婦女不要再忍受了！」這些新觀念強烈地散播出去，舊觀念「打太太是家務事，外人不能管」，幾乎在一瞬間被反轉了。也許舊觀念只是個紙老虎，但是沒人把它推倒，所以看起來很厲害，而我們竟然把它推倒了，等於讓台灣女性立刻跨進了另

“當我們開始倡導、帶動清楚的新的人權觀念出來的時候，很多受害者就跟著站出來了：原來我是可以求助的，我不必再忍受這種非人的待遇。”

一個新世界——這麼說會太強烈嗎？無論如何，就婚暴議題而言，婦援會確實起了關鍵作用，當年我們如果沒有出來倡議和直接服務，整個事情可能會再拖好幾年才有改變。我們投入得如此努力，對個案服務從未劃界限，我們不會只做A、B、C三項，就算是一百項我們都會去做。（能夠這樣，完全該感謝當時社工組的佩玲與纓花兩個人對個案的熱情，她們不計毀譽，以無比的熱情帶動組織，進而影響社會。）

從婚暴服務中，可以看出價值觀這種無形的東西帶來的影響很大，這會幫助我提醒自己，要經常檢視自己的價值觀。我們有時不知不覺被一些舊的價值觀牽引，受到它的影響，決定如何待人處世，我會去檢視這些舊有價值觀到底是不是正確的？或者這舊有價值觀是建立在剝削性的社會條件下？我是否可能不自覺當它的幫兇？能這樣常常省思自己，的確是受參與婚暴服務工作所影響。

傳遞經驗與再度反省

婦援會是倡議者，同時是直接服務的提供者，也連結了許多資源；我們覺得有義務將所知的 know- how、累積的經驗，儘快分享給縣市政府和其他團體。我常去台灣中南部演講或參加座談會，與很多當地關心婦女議題的團體、義務律師和社會局討論處理婚暴的經驗，也樂意提供後續協助。

有一位台大法律系的學妹，大學畢業後回家鄉屏東當律師，她很關心婦女議題，便在自己的律師事務所內成立婦女服務中心。（後來她進入陳菊的市政府，現在應該是新聞處長了）當時她關心婚暴議題，卻不知道怎麼做。恰好高雄縣社會局關心這議題，婦援會跟它合作，邀請高雄市、高雄縣當地一些義務律師、關心女性或人權的團體一起來參加。我那學妹特地從屏東來高雄參加這活動，我們將經驗傳遞給她，她就在自己的律師事務所裡設立婦女中心，專做受暴婦女服務。

個人覺得很遺憾的是，以婦援會做先鋒所建立起來的婚暴服務模式以及處理家暴問題的方法，在這個社會運動過後，〈家暴防治法〉通過了，這議題就一直沒有很大進展。

我們當時把很多資源投入到被害人的服務上面，充分支持她們：需要脫離受暴環境時，給她緊急生活補助款，或小額貸款創業；幫她尋找居住的地方；支持她的醫療、心理諮商、法律的服務；社工陪同出庭；小孩的就學、心理諮商（透過對小孩的支持工作，後來我們還發展出對目睹暴力兒童的服務）。我們對於被害人所處的情境了解得非常透徹，可以很有力地向社會、政府要求資源來支持她們重新創建新的生活。社會與政府投入資源支持被害人後，在家暴防治工作上發展出了很有成績的服務模式；整個社會也覺得我們做婚暴服務，就算不是百分之百夠了，也算相當充分。這

初秋的黃色女王（水彩畫）

個「投注被害人」的模式就一直延續下來。

但當我們把工作方法與認爲需要投注的資源，都立到〈家暴防治法〉裡面去了，政府的資源要怎麼運用，我們已經幫它設定好了，因此，當政府沒人力做服務的時候，它必須把資源委託出來給民間婦女團體做。婦援會接了這些委託案之後，反而造成婦援會的弱勢：我們人力有限，會裡面也沒有人有雄心壯志要把自己發展成百人組織專門承接政府的委託案，力氣一分散，我們在議題的開展與深化上就越來越落後。相形之下，別的團體個案越做越多、也做研究，似乎她們的重要性越來越高。

解決暴力的根源問題

有人做了研究發現，〈家暴法〉通過這麼多年了，可從婚暴個案數量的變化來看，婚暴現象並沒有改善。對此，我有兩個看法。首先是，早期婦援會很快發展出一套對被害人很好的服務模式，也充分帶入社會和政府的資源，從被害人這一端來看是一個成功的結果，但這成功未及於加害人。其次是，從家暴或婚暴防治這大議題來看，社會沒有繼續往前走——或者說我們這些做家暴服務的婦女團體沒有繼續往前走。沒繼續往前走可能因爲社會能量一下子用這麼多了，需要休息一下，另一方面也是我們對這議題不夠深入研究，我們欠缺對「暴力根源」的足夠了解。結果是，持續有人受害了。到底有哪些條件會造成暴力？我們要採取什麼方式去解決暴力？其實，我們很欠缺這方面的了解，也欠缺解決暴力的技能和防範的知識。

當婦援會聘請從美國紐約回來的高小帆來當執行長時，我就花很多時間和她談怎樣想個辦法，把美國家暴防治經驗帶進來。後來，到我做第三任董事長的第二年，有社工專業背景的康淑華當執行長，我也是和她談我們怎樣對婚暴問題再提升，從源頭去解決它，不是將資源都投入服務個案，而是減少暴力。我一再跟會裡的社工員強調：社工員的工作本來就該考慮個案利益，把它做好；但還是要常常思考，除了直接服務之外，還可以再進一步做些什麼？還要再做點什麼事情改變現象的本質，從源頭解決暴力問題？

我知道這個難度非常高。雖然婦援會做了一些，譬如在兩性相處模式上宣導「無暴力的親密關係」，但是這些努力對於目前減少婚暴個案的影響不夠。這需要長期的關注，需要足夠的資源集中投注它，才會改變。如果是一次投一點、投一點，它的影響很小，很快就不見了。假設總共要投一千萬做這事情，以每年投一百萬做的方式，做十年也不會改變；如果就在某一年聚焦投注一千萬去做，反而有機會改變。現在婦援會沒辦法一口氣募到一千萬去做這些，如果可以募到一千萬，大可奮力一搏試試看。

一千萬做什麼?做清楚的平權觀念的改變。這也涉及到人與人的關係，平等與尊重。我們這社會存在很多不平等的權力關係，譬如說，父子關係、師生關係、職場上主管與部屬的關係，這些不平等的權力關係佔了社會關係的百分比很高；如果大家的社會經驗大多是不平權的，卻希望在性別關係這一塊平權，那會有很大困難。因此，要在不平權的一般關係裡頭，讓它稍微不那麼不平權：父子關係少一點暴力、師生關係少一點暴力，很多場域都少一點暴力的時候，才能夠希望在性別關係上可以平權；如此才可能減少婚姻暴力，否則婚暴行爲還是會重複出現。

我的原生家庭

以上的想法基本上是我個人長期學習、觀察、思考而來的，未必跟原生家庭有關。我父親在雲林鄉下長大，鄉下家庭打小孩多半因爲小孩不乖，但我爸爸很乖，讀書也不錯，沒甚麼挨打經驗。我小時候跟著家人搬來台北，等於在城市裡長大。從鄉下搬來台北的家庭爲數不少，這樣的家庭與眞正的台北人不太一樣，沒有傳統的束縛和規矩。我原生家庭的親子關係滿平等，爸媽很尊重小孩子。其實台灣一般鄉下家庭還算尊重小孩，因爲沒時間管，也不知道怎麼管，特別如果小孩讀書又超過期待的話，父母親會覺得不應該管小孩。在台北這種大都市裡，反而有錢的或受過教育的家

“也許我們不做，遲早還是有人會做，但是我們提早好幾年去做它，至少讓一些婦女少受幾年的苦，也減少很多新的受害人。我認爲我們婚暴組在這方面很有價值，這些經歷值得被呈現，被書寫。”

庭可能管得很嚴格。

父親那一代的小孩比較沒價值，因爲孩子很多嘛。我爸爸小時候家裡有五個兄弟、五個姊妹，祖父母根本管顧不來。到了我們這一代，養小孩都寶貝得要命，大女兒出生的時候，爸爸到醫院第一次要抱孫女，大家趕忙叫他穿隔離衣。他非常感觸，對我說：「以前在鄉下就算剛從田裡回來，滿手泥巴，有人願意抱你女兒就很好了，現在還要叫我穿隔離衣。」當然，他不是在抱怨，只是覺得時代怎麼變化這麼多。

一個欠缺記錄的里程碑

從婦援會歷史沿革來看，從救援被迫從娼少女開始，在當時確實是困難重重的救援工作，對時代的影響非常大，在那幾年努力推動之後，整個社會就翻轉了；接下來，服務慰安婦阿嬤也是，一個極困難而有莊嚴使命的工作，不可磨滅的偉績；再下來，我們做的婚暴服務，也同樣具有里程碑的意義。對台灣女性而言，這樣的里程碑，也許我們不做，遲早還是有人會做，但是我們提早好幾年去做它，至少讓一些婦女少受幾年的苦，也減少很多新的受害人。我認爲我們婚暴組在這方面很有價值，這些經歷值得被呈現，被書寫。

我特別希望重現這一段婦援會剛開始做婚暴服務的經歷，因爲這一段歷史被記錄得太少。救援組的工作在婦援會裡留下豐富記錄，而且當時媒體報導很多，我們可以從外部資料看出，當時在社會脈絡下婦援會做了什麼重大貢獻；阿嬤組做的記錄也滿多的，婦援會自己就出了好幾本有關慰安婦議題的書；唯獨婚暴組的記錄極少，尤其是剛開創時的辛苦奮鬥都沒有留下資料。我想要記錄這段歷史，除了紀念婚暴組艱辛而精彩的開創過程，最重要的，我想要肯定佩玲和纓花當時以無與倫比的熱情投入、盡心盡力所達成的一切。她們兩個人做的事情眞的很不簡單。

我會一直留在這裡

婚暴組開始一年半之後，佩玲、纓花與其他工作人員提出全體離職，董事與工作人員開了很多的溝通會議，最後只剩執行長與一位工作人員留下來。之後，連董事會的變動也滿大，執行長經常更換，有一段時間甚至沒有執行長。直到方皓當董事長的第二年，請佩玲回來擔任執行長，會務狀況才穩定下來。之後，我接了董事長，跟佩玲配合得很好，婦援會就在穩定中持續地成長、擴大（剛開始當董事長時，我會準備一筆私房錢，可以支付婦援會所有員工一個月薪水，再怎麼山窮水盡，大家起碼有一個月的救命時間，直到會務穩定後，才不需要這麼緊張）。

在會務、人事比較動盪的那段日子，簡單來講，我的想法就是：無論發生什麼事情，遇見多大的變動，我都不會辭掉婦援會董事的職務，我會一直留在這裡，直到關門爲止。這個決心從未改變。做過三屆婦援會董事長之後，我持續擔任董事，我對婦援會的感情很深，婦援會需要我、事情多一些，我就投入會務多一點時間；反之，婦援會的事情少一點，不需要我太花心力，我就多一點時間做自己的工作。我會一直留在這裡。

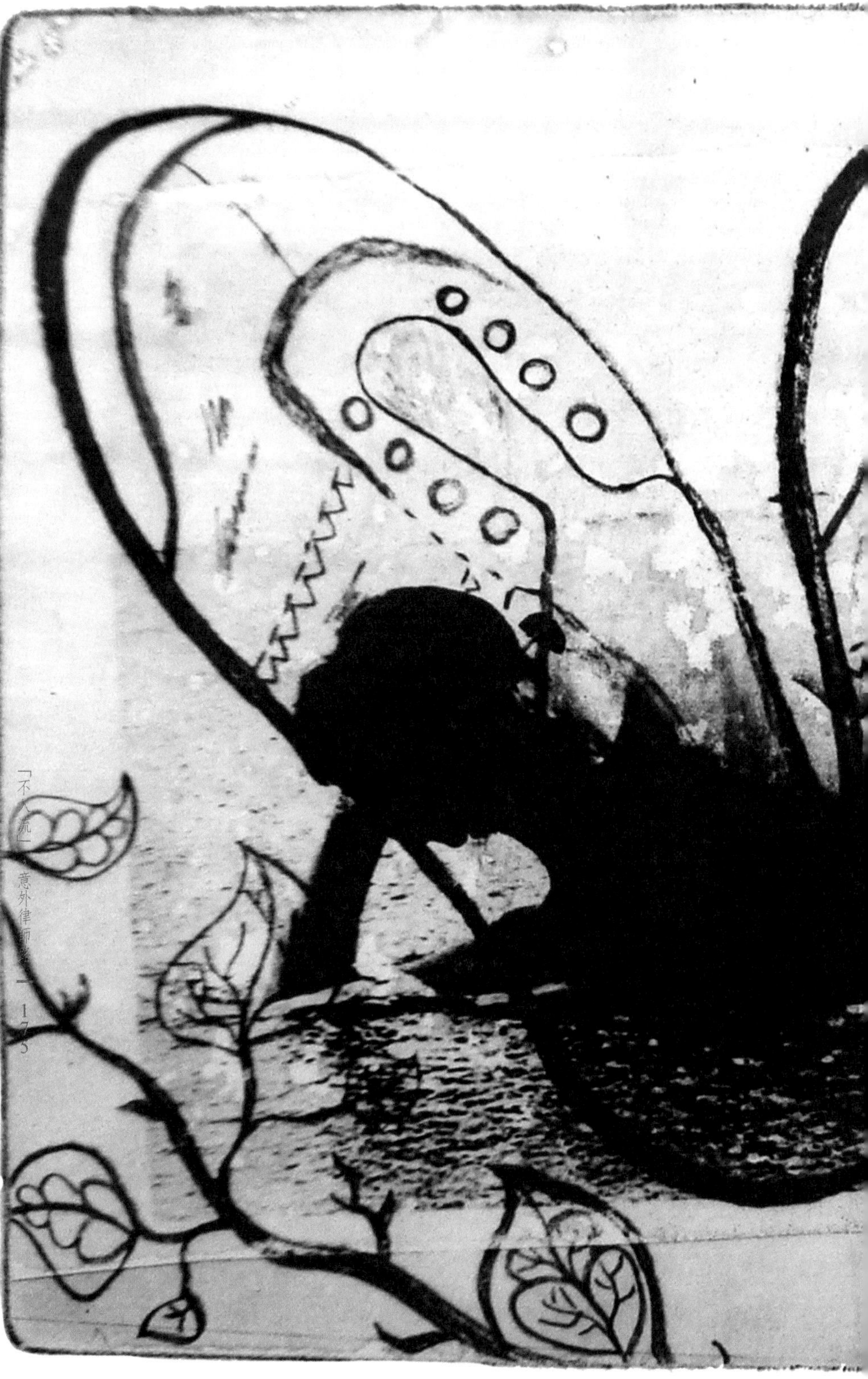

賴淑玲

學歷：台灣大學法律系畢業

現職：賴淑玲律師事務所 律師

經歷：

律師（1993年執業迄今）
婦女新知協會第七任理事長，現任顧問
內政部性騷擾評議委員會委員
國防部官兵權益保障會委員
臺北市政府就業歧視評議委員會委員
臺北市政府性別工作平等會委員
臺北市政府性騷擾評議委員會委員
苗栗縣政府婦女權益促進委員會委員
苗栗縣政府性騷擾評議委員會委員

參與編輯著作：

2003年 司改會家暴叢書《傷害我的是我最親密的人》，商周出版社。
2005年 台北律師公會青少年叢書《戀人法庭》，方智出版社。

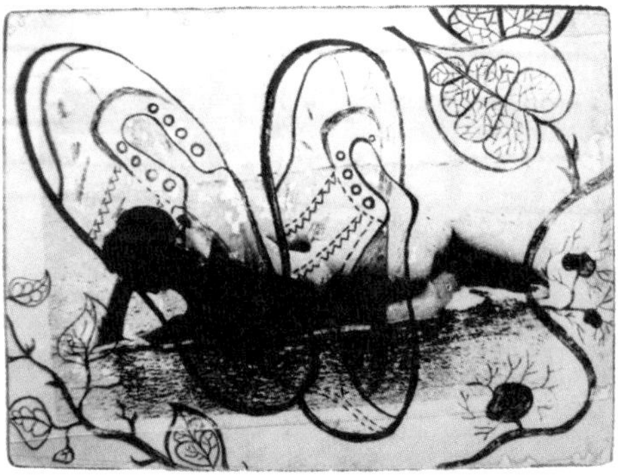

天生的女性主義者

「不入流」，意外律師路

口述／賴淑玲
撰文／纓花

加入婦援會的義務律師群實在是一件出乎意料的事，這個經歷成爲我生命中非常關鍵性的契機，翻轉了原先我所規劃的律師生涯，把我從一個追求成功、一心想成爲名利雙收的大律師的人，變成甘心走著「安貧樂道」，自由自在的女性主義律師。

公益形象的需求

大學畢業，考上律師執照之後，出於好奇心，爲了近距離觀察國會亂象，我曾短暫從事過立法委員助理的工作，之後就理所當然地進入律師事務所，開始律師生涯。我計劃著一邊工作、一邊準備托福考試，等存夠錢之後，就出國留學，拿到國外的文憑後回台灣，進入大企業或國際性律師事務所，成爲一名大律師……這就是我的生涯規劃。

三十歲那年，正穩定地朝著出國留學的計劃前進，有一天突然起心動念，覺得身爲律師，除了一般法律業務之外，也應該盡一點社會責任，做一點社會公益服務。正巧此時律師公會的會訊中夾帶了一張「台北市婦女救援基金會的救援組徵募服務不幸少女（未成年被販賣從事性交易工作的女孩子）的義務律師」的意願徵詢單，這是當年很重要的「雛妓救援」的議題，我便信手寄出願意擔任義務律師的資料回條。

不久，婦援會的工作人員跟我聯繫。我參加了她們舉辦的兩天一夜的義務律師工作坊，在那裡遇見好幾位志同道合者，當年同期受訓的義務律師中，有些人如今已成爲閃亮的政治明星。義務律師工作坊結束後，我期待著儘快有機會爲不幸少女盡一份心力，然而婦援會卻一直沒有再與我聯絡，彷彿這個工作坊從來沒有發生過。後來我才知道，她們的救援組改變服務模式了。由於九〇年代台灣社會逐漸繁榮，人民的經濟狀況大大改善，再加上政府大力掃黃，以前因爲貧窮而被家人販賣被迫從事性交易工作的未成年少女的人口販運事件逐漸減少，人口販子改以提供金錢物質誘騙無知少女「自願從娼」，甚至提供毒品藉以長期控制她們，這是一種變相的人口販運方式，但因爲這些少女在外觀上是「自願」從事性交易，對外求救意願相對也低，反而增加了救援的困難度，因此婦援會救援組的訴訟服務需求相對也大幅減少。在此情況下，我那想要做社會公益服務的心意暫時無從發揮，只不過當時也沒太在意。

現在回頭想想，當時起心動念想做義務律師的心意，可能也不是那麼純粹地想要服務弱勢者，多少挾帶著一種菁英知識份子的驕傲，想要透過社會服務來提昇良好的社會形象——只是當時沒能那麼犀利地看出自己潛意識裡的這一層企圖。但那二天一夜的義務律師工作坊，讓我受益良多。我記得課程中有一位講師分享她的心路歷程：她原本是一位出身富裕家庭，充滿浪漫思想、不食人間煙火的中文系女孩，一心只想遇到白馬王子，從此過著幸福快樂的生活；但後來她發現，投身社會公益活動之後，心才眞正踏實起來。她告訴我們，「人生若只爲自己而活，其實不一定快樂，若能爲社會大衆做一點事，反而可以得到更大的幸福感。」這番分享當下讓我很感動，或許眞正的「公益心」是在那個工作坊裡開始啓蒙的。

話說回來，就在我即將忘掉「社會公益」這個心願的時候，有一天，婦援會的一位社工打電話來詢問，是否可以在這個星期六下午來幫忙提供法律諮詢服務？當時我正在某大學選修研究所的課程，每星期六下午都要上課，時間上有所衝突，理所當然就回拒了。可那自稱叫纓花的社工，卻一直苦苦哀求說她那天已經連繫過很多律師，卻沒有人有空去擔任義務律師，她眞的非常需要我的幫忙……。我這個人雖然一向冷靜、嚴肅，偏偏聽不得人家說「眞的找不到人幫忙」、「眞的很需要妳」之類的話語，一聽到這種話，我就會忍不住心軟；再加上纓花說話的語氣充滿熱情，讓我也忍不住感染到那份熱忱。再說，之前平白地去婦援會上了二天一夜供膳宿的義務律師工作坊，又從那邊學到這麼多，若不回饋一下，感覺上好像有些「不當得利」……好罷，就決定蹺一次課去婦援會爲「不幸少女」提供法律服務，當作是回報。

服務「不幸少女」變成服務「婚暴婦女」

當天的法律諮詢服務，纓花安排我坐到婦援會辦公室裡一間非常狹窄的面談室，我手上拿著一本六法全書專心地等待將要讓我服務的「不幸少女」進來。結果出乎意料，第一位進來的「不幸少女」居然已經三十幾歲了，而且詢問的主題是她被先生打很多年了，不想再忍耐了，想要知道如何可以離婚？我的天啊！我當律師以來從來就沒接辦過離婚案件，說實話，我對婚姻的相關法律都不太熟悉，只好硬著頭皮一邊匆忙地翻著六法全書，一邊努力回想著教科書上的離婚相關法律內容，總算找出了適當的解答。好不容易送走第一位諮詢者，更讓我震驚的是，接二連三的諮詢者都是「不幸熟女」而非「不幸少女」，每一位都是忍受先生拳打腳踢多年，實在不想再忍耐了，急需知道如何可以離婚或如何自保？一整個下午的諮詢問題都與「婚姻暴力」、「離婚」有關，跟「救援不幸少女」完全沾不上邊；我實在一頭霧水，忍不住跑出面談室去問纓花，這到底是怎麼回事？

原來我弄錯了，這是為遭遇婚姻暴力的受害婦女特別設置的義務法律諮詢啦！根本與我想像中的人口販運案件無關。可是，我明明是被徵募為婦援會的「救援組」義務律師才對啊！纓花很耐心地告訴我，她是「婚暴組」社工，婦援會剛設立一支婚暴專線，她接到許多求助的受暴婦女都急切想知道該如何脫離暴力？如何離婚？非常需要法律諮詢，她們才在週六下午設立了這個為受暴婦女提供「法律諮詢」服務的時段。由於原本答應前來的義務律師臨時爽約，纓花又不認識其他律師，只好拿出「救

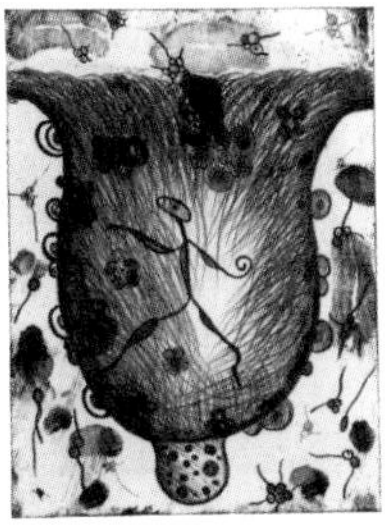

在乳房裡舞動（紙平版畫）

援組」的義務律師名單逐一打電話搬救兵，這才找上了我，而我又因爲已有先入爲主的認知以爲就是來服務不幸少女的案件，沒有問清楚狀況就一口應允下來。原來如此，一切竟只是個「美麗的錯誤」！不過當時的我完全拒絕碰觸離婚的法律案件，但因爲不好說出心裡眞正的想法，就拿我每個星期六都有研究所的課程來當藉口推託，向纓花表明我當天是蹺課來幫忙的，所以只能來幫忙這一次而已。纓花問了我的課表後，也笑笑回答我說：「好！」

我不接離婚案件是因爲家庭因素。打從考上法律系，母親就一直耳提面命告誡我：畢業後成爲律師絕對不能幫人家辦離婚案件，幫人家辦離婚是一件很「損陰德」的事情，絕對不能做（其實直到現在，社會上還是有滿多人抱持這樣的想法）。而我，一來並不想違逆母親的意思；二來在當時的律師界，「離婚案件」通常被視爲不太入流的案件，接「離婚案件」的律師自然也被當成不怎麼入流的律師。當時心高氣傲的我，自恃爲堂堂台大法律系畢業的高材生，當然絕對不會去接「不入流」的案件；從事律師業務以來，只要是離婚案件就趕快推給其他律師辦理，我自己是從來不碰的。

完成生平第一次的「離婚法律諮詢」服務之後，我很心安理得地走出婦援會，想著已經回饋她們了，再也不用進來這機構做讓自己感到爲難的事情了，這想做公益的

“在當時的律師界，「離婚案件」通常被視爲不太入流的案件，接「離婚案件」的律師自然也被當成不怎麼入流的律師……”

心意就暫時擺一邊好了。沒料到，有一天又突然接到婦援會那個很會糾纏人的婚暴組社工纓花的電話，說由於接到很多受暴婦女的求助電話，她們都很需要法律協助，原來的法律諮詢服務時段已不敷所需，所以又增設一個時段，時間是在每星期三下午，她知道我那天沒有課，希望我能夠去幫忙。我一聽，還眞是左右爲難，都已經說過「不便提供服務」了，這個熱情的纏人精社工怎麼不放過我啊！我再次跟她推托說課業繁重，眞的沒時間去，纓花不死心，反覆強調受暴婦女對我上回提供的諮詢服務反應良好，都說法律諮詢對她們幫助很大，比較知道如何解決離婚難題了，希望我可以繼續提供服務。

離婚？我就是不想碰觸離婚案件啊！我只好再度表明眞的沒時間去。熱情的纓花沒有被我的拒絕所阻卻，不斷嘗試說服我，最後她又一直重複說：「我們眞的很缺義務律師」「我們眞的找不到人幫忙」。罷了，罷了！我最抵擋不住這句話了，只好勉爲其難答應了，心裡盤算著：就再去服務一次吧，之後再來找另外的藉口推辭這讓我爲難的「公益服務」。

果眞如纓花所言，我再次前往婦援會做婚暴法律諮詢服務時，整個下午完全沒有空檔，一個婦女剛問完，緊接著下一個進來問，應接不暇。大多數渴望離婚，但也有婦女只想制止先生打人的行爲，並不想離婚。服務時段結束之後，我跟纓花說明沒時間再來了，請她趕緊想辦法找別的義務律師來幫忙。出乎我意料之外，纓花只是笑笑說：「好！」沒再說什麼挽留的話語。

一個星期後，又接到纓花來電，說婚暴組實在接到太多受暴婦女在法律諮詢上的要求，主責董事廖英智律師想要成立「婚暴義務律師團」，由於我已經有兩回婚暴法律諮詢的經驗，特別邀請我一起參與討論。我心想，若只是討論與提供意見，倒還可以接受，便答應了。當時的會議由廖英智律師主持，出席的另外還有三、四位義務律師，以及佩玲、纓花兩位婚暴組社工、一位研究員L。佩玲、纓花、L先發言說明婦援會婚暴專線開線短短兩個月以來，就湧現幾百位從全國各地來電求助的受暴婦女，大多數的求助需求是法律協助；接著律師們就討論如何成立全國性婚暴義務律師團，結論是由婦援會到台中、高雄各辦一場婚暴法律研討會，號召有心的律師一起加入。

會議結束後，廖英智律師感謝我的幫忙，請求我繼續擔任婚暴組的義務律師。這個會議中同時澄清了一些常見的婚暴迷思，例如，當時一般台灣人會以爲打太太是家務事，並不犯法；但其實所有形式的暴力都是犯法的，「打太太」自然也不例外，縱使妻子真的做錯事，那也應該由法律加以制裁，丈夫並沒有權利對妻子施加人身暴力。同時婚暴組也提出令人印象深刻的新見解：婚暴的本質就是「性別不平等」。當下我很同意這番新見解，雖然短時間內，我那覺得辦離婚案件是「不入流」的舊思維

“當時一般台灣人會以爲打太太是家務事，並不犯法；但其實所有形式的暴力都是犯法的，「打太太」自然也不例外。”

不可能立即去除，不過，當個婚暴法律諮詢的義務律師倒是可以接受。至此，就接受婦援會的邀請，正式進入婚暴組的義務律師團了。

第一個離婚訴訟案件

我原本打算不接離婚訴訟案件，只是規律地每星期三下午去婦援會幫忙做法律諮詢服務就好；誰料，那熱情的纓花得寸進尺，有一天又打電話給我，說有一位住在新竹山區的受暴婦女，決定打離婚官司。由於北部的義務律師團中只有我一人有在新竹法院登錄，因此希望我能接辦這個離婚案件。我再三申明我不願意接辦離婚案件的立場，但是纓花說：「這婦女眞的找不到義務律師可以幫她，妳就幫幫她吧！」我心裡想著，又來了，又戳到我的罩門。不過，既然實在找不到人可以幫忙，我也只好勉爲其難答應接辦這樁案件，但聲明只限這一件，而且絕對不當離婚見證人。

這官司好不容易打到這婦女的先生終於願意離婚，約定好某一天去辦理離婚手續。由於那對夫妻住在新竹山區，且先生堅持要律師到府服務，他才願意在離婚協議書上簽字，否則免談。爲了安全起見，我只好請我弟弟開車載我上山，從山下到山上將近一小時的車程才到達男方家。女方由父母親陪同也已經到達男方家。不料，在簽訂離婚協議書時，需要兩位證人在場簽名蓋章，可是現場的雙方親戚卻沒有任何人願意擔任離婚證人，最後只好由女方的父親當見證人，這樣一來，也還缺一位證人；我心裡想著，這場官司好不容易才打到讓男方同意簽字離婚，總不能因爲缺少一位證人就功虧一簣吧？於是我只好自己簽名蓋章當離婚證人。離婚協議書簽妥之後，一行人又下山到戶政事務所辦理離婚登記手續，但是缺了戶口名簿，承辦人員表示因爲文件不齊全，所以無法辦理離婚登記，只好請男方再上山去向戶長（男方父親）拿取戶口名簿。不料男方父親因爲反對二人離婚，堅持不肯拿出來，而戶政人員又堅持沒有戶口名簿就不能辦理離婚登記，彼此僵持不下。幾經周折，溝通無效，當天還是沒能辦妥離婚手續，只好擇期再辦，所以我又跑了第二趟，才順利辦好離婚登記。

這一件訴訟，使我打破了自己所有的原則，完成執業以來第一個離婚案件，不但接了離婚官司，也簽了離婚見證人，正式進入「不入流律師」行列。說實話，心情頗爲懊惱。纓花當時還取笑：「賴律師，妳有沒有發現你『愈撩愈深』（閩南語，意爲越陷越深）了！」，我則心裡想著：「要不是妳一直『勾勾纏』（閩南語，意爲糾纏不清），我哪會撩下去啊！」

我在婦援會常態地擔任法律諮詢服務，又與婚暴組成員有多件相關訴訟的合作經驗，當婦援會爲了要組成全國性的義務律師團，選在台中、高雄舉辦兩場婚暴法律研

看見妳的靈魂（水彩畫）

討會，希望我出席分享經驗時，我當然也義不容辭。在研討會中我發現參與的律師都滿年輕的，互相交換名片時，原來大家多半曾在政府相關委員會或婦幼機構擔任義務律師，雖然缺乏服務受暴婦女的實務經驗，卻都滿熱心想要爲受暴婦女盡一份心力。看到了律師同道的熱忱，兩場研討會下來，我開始也對服務受暴婦女產生嚴肅的使命感了。

後來婦援會婚暴組經手的桃、竹、苗地區的求助婦女官司，幾乎都由我去處理。由於訴訟對造是有暴力傾向的男人，這些受暴婦女的居住地又常在偏遠山區，家人擔心我的安全，每次到法院出庭或是陪同受暴婦女到戶政事務所辦理離婚登記時，都由我弟弟與父親輪流開車載我去，我母親在家裡提心吊膽放不下，通常也會跟著我們一起去。雖然我父母親認爲「離婚案件是缺德事」的觀念十分根深蒂固，並不太能接受我去辦理離婚案件，可是因爲擔心女兒的人身安危，也只好陪著我去。在這一次又一次的接送過程中，他們難免與雙方當事人有所接觸，也親眼看到受暴婦女的生活環境，漸漸開始能體會受暴婦女內心的恐懼與無助，因此他們的態度也慢慢從不贊成轉變成支持。所以說，我這可是「一人服務，全家出動」呢！

“雖然我父母親認爲「離婚案件是缺德事」的觀念十分根深蒂固，並不太能接受我去辦理離婚案件，可是因爲擔心女兒的人身安危，也只好陪伴著我去。”

「賴律師接太多案子，賺太多錢」

服務了快一年時，有一位婦援會的員工提醒我：婦援會的董事之中有人認爲我透過婚暴組的義務法律服務接辦了許多婚暴訴訟，賺了不少律師費，這種「資源集中一人」的做法好像不太適當。這種說法在我聽來委實很受傷。其實，婦援會的法律諮詢一開始完全是免費的，連最基本的交通費都沒有提供；初期所接辦的訴訟案件也都是義務服務，沒有任何報酬可拿，我和我家人爲案件奔走所花費的交通費、油資、時間等成本，都是自掏腰包，全家人都當做義工服務。這種自己出錢又出力的公益案件，有興趣參與的人當然不多，這就是爲什麼當初纓花會一直對我說：「我們眞的很缺義務律師」「我們眞的找不到人幫忙」的眞正原因。對我和家人而言，因爲一切出於自願，所以也從不曾向任何人聲明、討功勞，直到後來社工們尋求到台北市政府的法律訴訟補助，我才開始拿到微薄的補助款及交通費。但不明究裡的董事們竟因此而誤以爲我進入婦援會服務就是爲了來開拓律師案源、賺取受暴婦女的律師費，這完全與我當初「被動」投入服務的初衷不符。因此，這些話讓我覺得既委屈又生氣，一度還想就此退出婦援會的服務團隊，幸而經過衆人居間解釋清楚後，才化解了彼此的誤會。

經過這件事情之後，我仔細思考，找出或許是兩個原因造成婦援會部分董事對我的誤解。第一個原因和婚暴訴訟案件補助費相關——婦援會婚暴組草創時期的婚暴案件我都義務服務，沒收任何費用；但是當婦援會募集到民間大衆的婚暴捐款時，董事會決議通過：凡經濟有困難卻因故無法取得政府補助款的婚暴受害人，其離婚訴訟案件可以由婦援會提供三萬元以補助其律師費(註)。一直與我並肩作戰的社工纓花、佩玲，因爲不忍心我不斷出錢出力，便代替我向婦援會爭取要將以前免費服務的所有案件都比照這個補助方法追補費用給我，加上後來台北市政府補助受暴婦女法律訴訟案件的律師費補助費也陸續撥款（每位婦女四萬元，每人以補助一件爲限），將近一年來我所接辦的所有案件幾乎集中在同一個時間撥款，因此造成一時間看起來好像婦援會讓我領了不少錢的錯覺。

第二個原因是婚姻暴力訴訟案件增加了。原本「不入流」的離婚訴訟，因爲受暴婦女大多數付不起律師費，要不然就是律師費七折八扣，總之不容易找到義務律師承辦案件。但是在婦運團體的努力下，〈民法親屬篇〉陸續修法、〈家庭暴力防治法〉也即將立法通過，家事案件類型漸趨多元化，例如：離婚、監護權、夫妻財產分配、保護令等，而政府也開始積極編列對弱勢婦女之法律訴訟補助款的預算，並將補助款額度調高到每一案件五萬元，已趨近於當時一般的律師費用行情了。在案件量日增、又有政府補助款支持的情況下，家事案件漸漸受到法律界的重視。那段時期，家事案件數量急遽增加，全國各法院開始增設「家事法庭」，（乃至現今甚至還成立「家事法院」）可見其案量之多。而且，過去社會普遍將家事案件當成「家務事」，但在婦女運動的倡導下，大家已能接受家事案件尤其是「家庭暴力」事件，其實是「公眾的事」，家事訴訟已然成爲「公益案件」而非不入流的官司了。這種社會觀念及大環境的改變，當然也會影響婦援會義務律師團的運作，有愈來愈多的律師主動爭取擔任婦運團體的「義務律師」；因此，婦援會董事們希望將「資源分散」，讓多一些義務律師加入行列，本也無可厚非。只是若從我的角度出發，我從頭到尾都不是爲了享受任何「資源」而投入服務，當然就不願意承受這樣不公平的說法。

情義相挺婦援會工作人員爭取工作權益

因爲與婦援會的工作人員有著「革命情感」，後來發生「年終考績事件」時，我也挺身支持她們。當時執行長的考績打了八十五分，但其他工作人員的考績卻只有六十幾分，甚至不及格。這種不公平的現象，引爆了所有工作人員的憤怒，連行政部門人員G都跳出來說她親眼見到婚暴組的佩玲、纓花爲受暴婦女們認眞付出的努力，再怎樣打考績也不可能是六十幾分而已；而慰安婦組的社工J，除了要全省跑透透去服務慰安婦阿嬤們，G也常常看到J爲了整理資料加班到深夜，怎麼可能考績居然不

自我追尋（木刻版畫）

及格？這是多麼不公平的事情！我與婚暴組的社工們一直長期並肩作戰，她們的工作量有多繁重、工作態度有多投入，我是很清楚的；至於別組人員我雖然比較沒有共事經驗，但每次到婦援會擔任義務律師時，我也會看到她們認眞的態度，這些同仁也經常額外向我請教在工作上所遭遇的法律問題。

這麼有熱忱、辛苦投入工作的員工到頭全部都落個「低分數考績」的結果，根本是嚴重打擊工作人員的士氣，也完全抹滅了她們對工作的付出，實在太不合理了。所以當纓花希望我能爲她們發聲支援時，我便義不容辭地馬上寫了一封聲援信，以「強將豈有弱兵？弱兵豈有強將？」爲題，就我與婚暴組成員合作的工作內容，以及我在婦援會時目睹各組人員積極努力工作的事實，嚴正表達我的看法。

婦援會的宗旨是爲弱勢婦女爭取權益，尤其婚暴組的服務論述更是標舉「打破性別不平等」，爭取「平權」的大纛倡議婦女權益，不只爲弱勢受暴婦女爭權益，也要爲自己的工作爭權益。那時候的婦援會不是只有社工、研究員有這種理念，可說所有工作人員，包含企宣、會計都是實踐「平權」的女人，我個人十分讚賞這樣的工作團隊。據說我因爲支援這起「考績不公事件」的抗爭而疑似被婦援會董事會貼上標籤，不過會內人員爲工作權益積極抗爭的態度也引起董事會的重視，重新修訂繁瑣的考績制度，大夥最後爭取到「自打考績」的權利，這個結果讓我替她們開心。只是後來又發生一件嚴重的抗爭事件，我也參與其間，就眞的被董事會列爲「與工作人員共謀的義務律師」了。

婦援會是婦運團體，工作組織內設有「研究組」，旨在發掘婦女議題，倡議婦女權益。那時候的研究員L，是一個相當重要且特殊的靈魂人物。在工作方面，她有豐富的社會運動經驗，自詡是女性主義運動者，對婚姻暴力有巨觀與微觀的完整女性主義論述，對當時社會環境氛圍相當敏銳，總能及時提供婚暴組實務的策略。在會內相處上，她實踐女性主義的「姐妹情誼」，常常花心思與同仁對談，鬆動她們身上的父權毒素，甚至行政人員G都被L說服去參加女權會的婦女自覺團體課程，開啓G的女性自覺成長。這些我都默默看在眼裡。最後L的女性主義策略延伸到「董事會」，她看出婦援會的組織架構出了問題，董事會並沒有確實實踐「平權」的理念，反而與工作人員之間形成階級壓迫，而不是婦運團體自詡的伙伴關係。L還付諸行動將她所看到的、董事會與工作人員之間的階級壓迫關係，以及某些董事缺乏平權意識，洋洋灑灑書寫了一份聲明稿，所有工作人員看過之後都簽名連署，當然我也認同L的理念而參與連署。

這份聲明稿被送到婦援會董事會時引燃大火，聽說幾位資深董事憤怒不已，其中一位創會董事認爲自己多年來無私無悔參與婦援會爲弱勢婦女權益付出，最後居然被自己的工作人員貼標籤爲「壓迫員工」，此等嚴重指控，她無法接受，立即辭去董事職務。但婦援會不愧是眞誠的婦運團體，L後來告訴我，經由工作人員全體的努力爭取，原董事長任期屆滿之後，由一位司法界素有名望的人士出來擔任董事長，新董事長花了很多時間聽取各組工作人員的意見，決心組織再造，最後與工作人員擬訂出一個平權的組織架構——執行長之下設有福利部與行政部，各有一位主任。L被升爲福利部主任，打算好好實踐她的女性主義理念。在我眼中，L不愧是優秀的社會運動者，而婦援會也不愧爲實踐平權思想的人權團體。

共同打拼婚暴服務

爲受暴婦女打訴訟官司，無論刑事、民事案件我都有接觸，剛開始常常會與自己原本「辦離婚案件是破壞人家姻緣的缺德事」的父權思維打架，佩玲、纓花、L看出我內在的矛盾掙扎，不時會爲我澄清迷思並且充權。L從女性主義思維鬆動我，而佩玲、纓花則是從受暴婦女的回饋角度告訴我，我們做的事情對那些前來求助的婦女而言，眞的對她們提供了很有力、很可貴的幫助，並不是破壞人家家庭的缺德事。她們的解說讓我覺得安心不少。只是在接辦婚暴案件時，我常有很大的困擾：這些受暴婦女都會有很大情緒，時不時打電話給我哭訴個沒完沒了，嚴重干擾我的情緒。我自認

裸游百分百之4（黑白木刻版畫）

為是個認眞負責的律師，但是對於受暴婦女的哭哭啼啼完全沒輒。有一天我忍不住把這些困擾告訴纓花，結果她一聽完，一派輕鬆地告訴我：「賴律師，這種事情是我們社工的專業，交給我和佩玲就好了，妳不用自己全部攬下來的！」

她認為婚暴服務是社工與律師一起合作服務婦女的身心需求，而不是各自為政的服務；透過不同專業的合作，我可以只要負責處理法律的部分，而將受暴婦女的情緒問題移交給社工去處理，然後我們再去討論如何互相銜接我們的服務工作即可。我很喜歡這種既分工又合作的工作模式，因為律師與社工如果能夠合作無間，將法律問題及情緒問題視個案的身心狀況加以調整，工作效果往往事半功倍，也更能照顧個案的各方面需求。

辦離婚案件，也可以是一件偉大的事

回想起來，我內心認同為受暴婦女打離婚官司完全合乎公義，是在經歷過兩位受暴婦女直接給我的精神回饋，才眞正確立。第一位是，有次我搭公車到台北市中心的遠企大樓附近辦事，才下了公車走到人行道上沒幾步，就看見前方一位亮麗的中年婦女急忙向我走來，到了我面前，她興奮地握著我的手說：「賴律師，非常謝謝妳拯救了我的人生，妳幫我打贏了離婚官司之後，我才開始眞正活得像個人，我現在可以過得這麼好，這都要感謝妳！」是啊，眼前這位女性看起來眞的是生活得非常好，鮮亮的服飾、自在的眼神、自信的笑容，我相信她的生活過得很棒，可是她是誰呀？我並不認識她啊！她見我一臉疑惑，便開始述說到婦援會求助的歷程，我才稍微有點印象……不能怪我記憶差，實在是那時接了太多婚暴的諮詢及訴訟案件，誰是誰都不容易記得。不過，她說我拯救了她的人生，這句話倒眞的給我很大衝擊——自己何來這麼偉大的力量竟然可以去拯救一個人的人生？而我怎麼可以看輕上天賜予我的這份珍貴禮物呢？

第二位婦女給我更大的衝擊。有一次到婦援會做法律諮詢服務，才一腳踏入辦公室大門，纓花就笑盈盈地跑來跟我說：「賴律師，有一個人很想見見妳！」立即拉著我到茶水間，出現在我眼前的是一位身著T恤牛仔裝，容光煥發的小婦人，走路的身形從容不迫，腳步輕快如一隻快樂小鳥。她靦腆而笑容燦爛地說：「賴律師，妳好！」我因爲認不出她是何人而感到十分尷尬：「請問您是……」一旁的纓花提醒說：「她是H啦！今天來當志工，改變很大吧？我們也差點認不出她來呢！」

H，不會吧？我對H印象非常深，怎麼會與眼前這位小婦人是同一個女人？我還記得，第一次在婦援會晤談室做法律諮詢時見到H，五十多歲，身材嬌小，她垂首歛眉地端坐著，一臉慘淡、雙眼無神、表情焦慮、雙拳緊緊合握，談話中身體不斷地顫抖。她時斷時續地說著：先生是國中教師，結婚二十多年，把她當作學生一般施行嚴格管教，舉凡外出、用錢、家具擺設，無一不需經過先生同意，稍有不從就會被訓話長達二、三個小時；先生在家中牆壁四處貼滿各式各樣「我要服從○○○的話」「我要遵守ｘｘ守則」之類的標語，讓她在家裡壓力大到幾乎喘不過氣來……H小心翼翼地拿出那些標語的照片給我看。談話間說著說著她忽然驚慌失措、全身發抖：「我先生快下班了，我要趕快回家！」然後就突兀地衝出了晤談室，留下錯愕的我。她是纓花服務的個案，我馬上和纓花進行討論，了解到她遭遇了「行爲控制」及「金錢控制」，是一種嚴重的「精神暴力」。

H到婦援會求助之後不久就住進療養院，即使在治療中，她仍然相當堅持要離婚，纓花希望我能接下這件離婚訴訟案。這是我接辦的第一件「精神暴力」的訴訟，爲了確實了解H的狀況，我前往醫院去探視她，也親自聽主治醫師說明對H的精神狀態的診斷內容。我印象相當深刻，當我一走進醫院精神科隔離病房，原本以爲會看到一個精神崩潰的H；出乎意料之外，我第一次見到她時她臉上的那種驚恐表情完全消失了，反而是一臉的寧靜祥和。我問她：「在醫院好嗎？」，她平和地看著我說：「很好啊！這裡有醫生、護士保護我，我先生不能進來，我的心裡好輕鬆。」

醫師告訴我H的身心狀況其實十分穩定，隨時可以出院，只是因爲H認爲隔離病房讓她很有安全感，因此，應她本人的要求繼續留院。有別於一般身心症狀的患者被強制關到隔離病房時都會苦苦哀求立刻出院的態度，H卻反而說「這裡很好」、「心

“「賴律師妳拯救了我的人生！」已經震撼到我，再經歷過H宛如「重生」般的改變，我心中那塊來自原生家庭所種下、根生蒂固的「辦離婚案件是破壞人家家庭的事情」的陰影，終於完全被連根拔除了。”

情很輕鬆」、「我不想出院」，我眞的可以體會受到丈夫的精神暴力對她的傷害有多大了。後來，我們爲H打贏了離婚官司，讓她可以安心地出院自立生活。事隔半年，H回來婦援會當志工，就是站在我眼前這位看起來至少年輕十歲，脫胎換骨般的亮麗有神的中年女人，讓我親眼見證了一個女人的「重生」。

在遠企大樓遇見的婦女那一句：「賴律師妳拯救了我的人生！」已經震撼到我，再經歷過H宛如「重生」般的改變，我心中那塊來自原生家庭所種下、根生蒂固的「辦離婚案件是破壞人家家庭的缺德事情」的陰影，終於完全被連根拔除了。

「免於恐懼」不是最基本的人權嗎？若連「免於恐懼」都無法達到，這樣的「完整家庭」對受暴婦女而言其實是人間煉獄；透過法律訴訟讓她們脫離那人間煉獄，享受最基本的自由呼吸的權利，這讓我覺得自己的工作很有價值，也很有意義。

「妳是天生的女性主義者！」

在婦援會服務快一年之後，我決定終生投入婦幼保護的領域。我離開原來工作的律師事務所，開始自己執業，當然大多是接辦婦幼保護的案件了。在公益服務上，期間婦援會的工作人員雖然陸續更替，但我並沒有跟著退出，還是留在婦援會擔任義務律師，因爲我已經很清楚自己的職責以及要走的路。有一次法律諮詢服務完畢，與婚暴組新任的社工督導丁雁琪閒聊，她突然問我：「賴律師，妳是不是一位女性主義者?」，我馬上將雙手舉到胸前打了個大叉，忙不迭地否認說：「我不是!我不喜歡女性主義」。事實上，我只要一聽到「女性主義」四個字，腦中立刻閃現一個畫面：一群張牙舞爪、頭上長著兩隻利角，到處與人衝突對抗的女人。

我從小生長在一個重男輕女的傳統家庭，一直接受著「男尊女卑」及父權思想的傳統威權教育，但我自小就是不能忍受「不平等待遇」，而往往起身向長輩或老師提出抗議。不過，這樣的抗議一定會被父母、師長批評爲是嚴重錯誤的行爲，結果自己內心反而爲此產生罪惡感。因此，在成長過程中我一直刻意避免自己成爲一個「衝突製造者」，自認爲喜歡和平，絕對不會是那些「頭上長角」的女性主義者。聽到我那麼強烈地否認，雁琪卻淡淡一笑說：「那我只能說，妳是一個天生的女性主義者!」當時眞的不明其意。

後來除了婦援會之外，陸續有其他婦女團體邀請我去擔任義務律師或演講，我的「義務律師」服務範圍像蕃薯藤一樣慢慢拓延出去，也與一些積極的婦運團體有較深入的接觸，曾被邀請擔任理監事，甚至還接了理事長的職務，相當投入婦女服務工作。期間接觸了一些性別課程，深入了解了台灣婦女運動歷史之後，我才深刻感受到台灣女性主義者如何爲台灣婦女權益紮紮實實地辛勤耕耘與無私奉獻。這樣的理解讓我更願意爲婦女團體付出。年輕時，我那個想成爲名利雙收大律師的夢想，至此早已經被我拋諸腦後了。

直到有一天，我終於明白自己走出了一條屬於自我風格的婦運之路。那是有一次去參加一個性別議題的研討會，主講人是婦運學者，她一上台先問大家一個問題說：「請問在場的人，自認爲是女性主義者，請舉手。」現場只有幾個人陸續舉手，我是其中之一。我毫無遲疑，坦然地舉高我的右手，此時腦中竟浮現婦援會雁琪督導曾經對我說的那句話：「妳是一個天生的女性主義者！」當下自己忍不住笑了起來，我知道自己是眞的找到自己的方向和道路了。

回首這一路走來，轉折如此大，從一個將女性主義視爲洪水猛獸的人，到自認爲是一個女性主義的實踐者，這變化是一步一步實實在在走出來的，我感到心安理得。當然能走出自己的生命道路，婦援會是最初的起點。最後，要再一次申明，婦援會是我的律師生涯的轉捩點，對我的人生具有非凡的意義。

註：如今回頭看來，婦援會當時所提供的律師費補助，可以說是空前絕後的「壯舉」，這不就是法律扶助的前身嗎？婦援會竟能在十七年前就以一己之力做法律扶助的工作，眞的不由得令人感佩！

1972年出生於高雄六龜鄉。還不會趴趴走就舉家北上投入「繁華的大都市」台北。因爲是雙薪家庭的獨生女，從小喜歡和鄰居、朋友、同學、老師一起玩耍，雖然成長路上，偶爾會因獨自一人而感受到寂寞，但大半的時間是逍遙自在地玩樂歡笑。

現在有三個寶貝女兒，在家吱吱喳喳、打打鬧鬧無比甜蜜。

「對於女權，我有幸在婦援會與其相遇相識，至今我仍在學習、體會、實踐，這將是給予三個寶貝最大的寶物。」她說。

來鳳

共合作・共玩樂・共革命

我與她們的美好歲月

口述／來鳳
撰文／纓花

擔任婦援會企宣是我大學畢業後的第一份工作，做了將近三年。已經是十八年前的事情了，加上我向來記大事忘小事，一些細節內容未必回想眞確，但當時充實的力量和緊密的情誼卻是永難忘懷的。一群女人，上班時，一起全心投入工作，下班後，一起四處玩樂吃喝，那種美好的感覺到現在還很強烈。

嚮往民間公益團體

大學畢業後，花了一年的時間準備研究所考試沒能考上，我打算進入社會工作。因爲當時高中好友萍萍在一個民間的青少年基金會工作很是開心，讓我很嚮往到非營利機構服務。一九九五年十月婦援會要徵求兩名企宣人員，我經過了嚴格的筆試及面試，終於有幸被錄取。我初出社會經驗尙淺，被指派擔任企宣組專員，另一名錄取者之前已有廣告界十多年的資歷，擔任企宣組組長，也就是我的直屬主管。這位主管穿著時髦、言辭犀利、做事果決，十分講究職場階級及倫理。

當年（一九九六年初）婦援會內部組織分爲救援組、慰安婦組、教育宣導組、企宣組以及財務組。救援組有兩名社工，一男一女。女社工負責新竹山上高危險群被賣少女的服務工作，每週都要上山做訪查；男社工負責實際救援工作，也包含當時一些被人口販賣的新移民女性。慰安婦組就一名社工而已，做全國慰安婦阿嬤的服務。

教育宣導組有兩名女性工作人員，主要工作是直接進入國中、小校園，透過婦援會製作的錄影帶「都市叢林」以及書本「我的身體」等，宣導身體自主權及自我保護的觀念。

執行長一職暫時從缺，由救援組女社工暫代。我想，做爲企宣人員應該要深入了解各組的實際工作內容，就請她上山訪查時，也帶我一起去看看那些少女，了解救援組的服務模式。她很認同我的想法，由於她習慣自己開車上山，反正還有座位，就說好帶我一同前去。我想她是代理執行長，算是辦公室裡的頭頭了，這事情她既然同意，我也就沒有向企宣組長報告了。孰料，企宣組長知道之後，非常生氣，把我大罵了一頓，她說：「這種事情妳爲何沒先向我報告，我是妳的主管，妳的外出要先向我報告，我同意之後，向代理執行長說明，妳才能跟著上山。」

當下我十分錯愕，覺得一件理所當然又單純的事情，怎會搞得如此複雜？這不是公益團體嗎，爲何還是有著顯著的階級和權力差異？後來救援組的兩位社工都安慰我說，也許企宣組長覺得那是她的職責所在，她需要知道組裡人員的一舉一動。但我心想一個婦女的基金會，應該就要破除階級威權的東西。當初我會選擇應徵婦援會加入公益團體，而非大學所讀新聞學系相關行業，就是因爲大四的時候去媒體實習，發現很多媒體不像新聞理論書本所說的是爲群衆發聲，反而是個充滿了商業利益與剝削、講究時效、壓力巨大的工作環境。因此，這次強調階級威權的事件，讓我很受傷，卻也讓心裡小小的平權念頭萌芽。不久之後，那位企宣組長可能也覺得自己不適應婦援會的環境，就離開了。

其實，婦援會當時聘用商業界的人才無可厚非，希望能藉此長才來宣傳議題引發社會關注，以增加實質募款成果。當時，由於台灣社會大衆的物質生活改善，父母販賣未成年女兒去妓院的情形逐漸減少，民間對救援不幸少女的關懷也慢慢減弱，當然捐款也受到很大的影響。換句話說，當時婦援會的經費已經有見底之憂了。一九九六年七月婦援會終於有了新的執行長何碧珍，她也來自商業界，爲人親切、溫暖、好相處，不會強調階級威權，要工作人員叫她何姊就好。年底婦援會成立新的婚暴組，她大膽錄用佩玲與纓花兩個不是社工相關科系畢業的人擔任婚暴組社工。

我是很高興有新同事加入婦援會行列，但心中對匆促成軍的婚暴組也有一點擔心；不過，婦援會那時已面臨財務危機，也只能放手去做、去開創。當時媒體大量報導自願從事性交易的少女，基金會協助不幸少女的募款工作日益困難，人家會說：「那些少女都是自願的，我爲什麼要捐錢幫助她？」每月小額捐款的數量一直下降，企宣組需要籌辦許多大、小型的募款活動。

七人小組新氣象：一起工作打拼、一起吃喝玩樂

何姊擔任執行長一段時間後，教育宣導組的兩位同仁離職，婚暴組成立之後，多數舊的同仁又陸續離職，最後只剩慰安婦組的社工J與我兩人留下來。救援組社工離職後，又遞補兩位社工，沒多久這兩位也離職。最後董事會決定結束被迫從娼少女的救援服務工作，救援組就此消失。此時婦援會全部工作人員共七名：執行長、一名慰安婦組社工、兩名婚暴組社工、一名企宣以及新加入的一名研究員、一名會計，全都是女性；婦援會也邁向新的里程，將主力投入慰安婦與受暴婦女的服務。慰安婦議題本來就受到政府與民間的重視，慰安婦組的工作很繁重；新成立的婚暴組，由於婚暴議題逐漸受到當時社會大衆的重視，來求助的受暴婦女非常多，社工也忙碌得不得了。當時我們只有七個人，各組自己的工作都相當忙碌，在何姊的帶領下，各組會相互支援，尤其企宣辦的活動，大家都會同心協力幫忙。

企宣組只剩我一個人，要做慰安婦與婚暴兩組的宣傳、捐款活動、會訊出刊，工作相當繁忙。企宣組的主責董事王念慈，我都叫她王姊，企宣組的事情，她會與我討論並帶著我一起執行，她對人很平權，性別意識很強。王姊自己創立了一間影視公司，常常以成本價協助婦援會拍攝宣導影片或感恩短片，在她的親力親爲之下，不僅爲會裡省下許多經費，也精準貼切傳達了我們倡議婦女權益的理念。

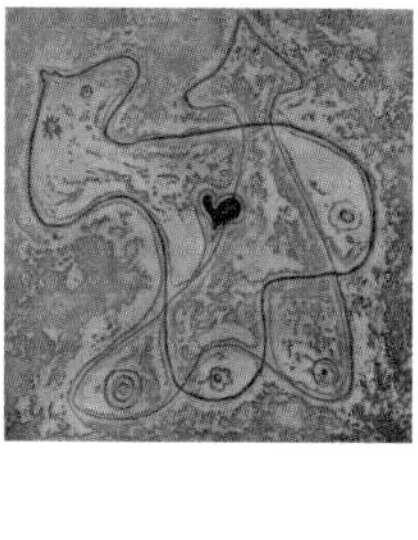

我愛你（銅版畫）

有一次，爲了919救援日活動錄製一支感恩短片，需要拍攝各組相關內容，我們動員自家人上場：受過肢體訓練的纓花戴上假髮，演出慰安組阿嬤的背影；我的高中好友也是婦援會基本幫手的萍萍，喬裝未成年少女身影；另外要錄製婚暴組的受暴婦女的雙手，每個工作人員的手都要貢獻出來，只是當我伸出那短胖十指時，王姊說：「來鳳，妳的手在鏡頭前實在無法分辨是男是女！」就這樣，我只好退出這次「出道」的機會了。（919是每年九月十九日所舉辦的感恩、募款活動：「救一救，救援日」，除了用短片向社會大眾報告我們的努力成果、未來方向，最重要的是，感謝每年陪伴基金會默默出錢出力的志工與捐款人。）

爲了籌措經費，企宣組經常舉辦各種宣導及募款活動，婦援會同仁總是全體總動員共同支持。例如李敖爲了關懷慰安婦，捐贈收藏品在國父紀念館舉行義賣募款活動，收藏品在拍賣前要在國父紀念館二樓的藝廊展示，爲了節省經費，展示品的佈置全由我們自己動手做。拍賣晚會前一天，結束白天會務工作後，每位同仁接著趕至會場進行佈置，忙到半夜才完成，雖然很疲累，但大家都沒有一句抱怨。還有一次與統一7－11合辦的「婚姻有愛、暴力遠離」公益系列，除了舉辦全省座談活動之外，還在內湖的白鷺鷥山舉行「無暴力婚姻、百年好合——登山健行」，募集一百對夫妻來身體力行，宣導倡議反婚姻暴力的概念。我們除了全員出動，另外還攜家帶眷、招兵

“她們很有主見，性情積極又善於表達，做得多，說得更多，給人很強勢的感覺。當時我很擔心這些「怪異」的社工會不會很難搞，很不好相處？”

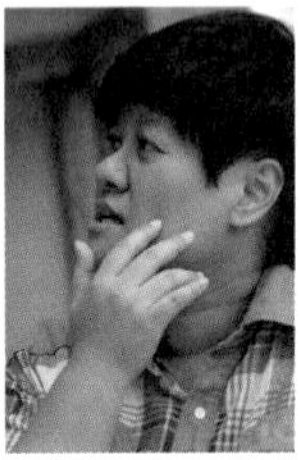

買馬，我就請我父母以及男朋友出席，佩玲帶她先生來，而纓花就帶著她父母親、大哥大嫂以及兩對鄰居夫妻前來助陣。在基金會裡，工作不分組別、不分妳我，大家都相助相挺，不僅出一己之力，連家人也都貢獻出來。

其實，纓花她們剛進來時，我心裡一度覺得這些女人大我十幾歲，彼此應該會有代溝；此外，她們的性格也讓我頗擔憂。我自己對社工的想法，就是性情溫和，充滿愛心、溫暖的人，工作態度是任勞任怨，做得多說得少，以前救援組的兩名社工員就是像這樣的人。但是，纓花這一批新進來的婚暴社工，完全顛覆我對社工的印象，她們很有主見，性情積極又善於表達，做得多，說得更多，給人很強勢的感覺。當時我很擔心這些「怪異」的社工會不會很難搞，很不好相處？沒想到，工作一段時日之後，就發現她們都是人老心不老、對人熱情關懷、工作認眞積極、心胸開放的女性。研究員L對外倡議婦女權益時，言詞犀利態度激亢，對內卻能夠關懷每個同事。佩玲、纓花對於來婦援會求助的婦女，總是給予最眞誠的支持、接納與鼓勵，陪伴她們走過最艱辛的訴訟道路，強悍地面對施暴男性以及警察、法官等父權機制，積極爲每位婦女爭取應有的權益。對於同事，佩玲、纓花更是熱情、關心。最最難得的是，她們的心胸不僅對受暴婦女與同事開放，可說是對「每個進入婦援會的人」都開放，例如，我的高中好友萍萍常來會裡走動幫忙，她們很快就和她打成一片，把她當成朋友看侍，有如我與萍萍之間的多年情誼。

現在回想起來，那是一段我生命裡很特別的工作經驗，因爲有著「一群女人共成長的力量」。

我是個溫和的人，跟人相處都還不錯。初進入婦援會工作時，與各組的同事自然也處得還可以，但就是各組做各組的事情，我以爲這是正常的，每個組別的工作責任不同，自是各管各的。另外，感覺上社工的專業性強，比較受重視，而企宣、會計這些行政人員好像就是比較次要的，我也以爲這是正常的，畢竟婦援會就是以服務女性爲主，重社工輕行政，似乎也是理所當然。而同事之間的情誼，雖然隱約感受到某些人似乎因爲工作理念的差異，而私下有點情感不和諧，但是檯面上大家都還保持平和相處，不會有衝突或攻擊的情境發生。所以我對婦援會的工作環境總的來說還算滿意。然而，等到執行長何姐、研究員L，以及佩玲、纓花加入婦援會之後，慢慢地我才了解到，我以爲的婦女團體「正常的」工作環境原來是「不正常的」，自詡爲婦運團體應該有更貼切婦運理念的「平權、友善的工作環境」。

婚暴組成立不久之後，整個婦援會最後只剩七個工作人員，執行長何姊的領導方式很放權，對各組的工作不會干預太多，漸漸形成一種「團隊」的模式；那種氛圍眞的很好，各組有各組的責任工作，又能相互支持協助，大家不分組別一起討論，一起支援。感覺上無論執行長、社工、企宣、會計，每一個人都很重要，缺一不可。這與之前那種各管各的、重社工輕行政的工作模式相當不同。L告訴我這種注重「平等、團隊」的工作環境才是婦運團體的「正常」狀態。這可眞是大大顚覆了我以往的觀念。

讓我感動及難忘的是，我們這七個女人上班時一起同心專注工作，下班後，可以把公事暫時抛開，一起吃喝玩樂、心靈交流，每次都還有精彩的主題：性經驗分享、溫泉舒壓、女同志pub、美食探索、服飾採購……，相互擴充視野。有一次員工國內旅遊，我們在綠島享受獨特的海底溫泉，見識到纓花裸游的開放自在，雖然心生羨慕，可沒人敢跟著脫；但是，隔年的員工國外旅行，在馬來西亞的綠中海，大家已經可以脫光光坦誠相見，彼此之間完全沒距離了。

能有這樣的「平等又親密的團隊工作模式」產生，不是自然就形成的，也不是我們性格特別契合，老實說，我們七個人有七種個性，根本就看不出什麼特別有共通之處。仔細回想，能有這麼棒的工作團隊，除了執行長捨得放權之外，應該是研究組與婚暴組一直強調「以女性爲主體」的性別平等意識的生命實踐。

她們強調每位同仁都是主體，每一組的工作都是專業，每位同仁都重要。我認爲她們是口號與行爲很一致的人，讓我對於「以女性爲主體」的性別平等概念產生認同，讓我覺得自己雖然是企宣可是與社工一樣有專業，一樣對婦女有貢獻。而且我大學唸新聞系，專業素養就是追求「眞相」，以人權爲主體的眞相；雖然在學校沒有接觸過性別的議題，但是從「以人權爲主體」翻轉成「以女性爲主體」的理念，對我來說很容易轉換，尤其我自己就是「女性」，更能體會做爲主體的重要性。

一場女性爭取自我權益的革命

當時婦援會的工作人員中，研究組的研究員L是一位頭腦很厲害的女性，她大學時代參與台灣一九九〇年史稱319野百合學運，大學畢業後又有參與社會運動的經驗。

台灣319野百合學運

一九九〇年二月，在國民政府遷臺四十年來未曾改選過的國民大會召開期間，台灣社會各界呼籲缺乏民意基礎的萬年國會應該改選，可是那些「萬年國代」，抵死不退，每當開會時，老國代提著點滴、尿袋，或者開會打瞌睡的負面形象更是屢屢透過媒體畫面放送到全台灣及國際，終於挑起台灣人民的憤怒之火，婦女團體、社運團體都衝到陽明山上中山樓的國民大會會議上抗議。

三月十三日，萬年國會自行通過「臨時條款修正案」，將一九八六年增額代表的任期延長為九年。這種攬權自重、貪得無厭的惡形惡狀，引爆最有理想性，又沒政黨色彩的大學生的抗議。三月十四日上午，一百多位台灣大學學生從中正紀念堂遊行到國民黨中央黨部門口抗議萬年國會，學生靜坐到傍晚時人數已超過兩、三百人，但決定先解散，再聚集更多學校參與。三月十六日，二十餘名台大學生前往台北市中正紀念堂靜坐抗議，拉開「同胞們！我們怎能再容忍七百個皇帝的壓榨！」布條，要求「停止國民大會開會，解散國民大會」，正式掀起「三月學運」的序幕。靜坐學生在中正紀念堂廣場前過夜，到第二天傍晚，參加靜坐的學生已超過兩百人，部分教授也加入靜坐行列。晚上民進黨人士不斷到場聲援，關心的民眾增加到數千人。而參與靜坐的學校則包括台大、中央、中興法商、高醫、輔大、東吳、文化、政大、陽明、台北工專、建中等校。

三月十八日，在中正紀念堂參與靜坐的學運團體，召開首次校際合作的會議，確定了三月學運的四大訴求：「解散國民大會」、「廢除臨時條款」、「召開國是會議」、「訂定政經改革時間表」。此學運團體也由台大范雲、周克任、北醫呂明洲、東海郭紀舟、中興法商陳尚志、輔大廖素貞、文化林德訓等六校代表組成「七人決策小組」，決定與民進黨劃清界線，以保持學生運動的單純性。

三月十九日深夜十一點，學運團體的校際會議通過「野百合」為三月學運的精神象徵。野百合是台灣特有種，象徵學生運動的自主性、草根性；野百合生命力強，春天三月時盛開；野百合色澤純白，就像純淨的學生，而且在台灣原住民魯凱族裡，野百合更是一生最崇高榮耀的象徵。

一九九〇年三月春天，中正紀念堂的廣場上，「野百合」學運聚集了來自全國各地的大學生、高中生多達六千人，一起靜坐抗爭了六天，聲援的民眾超過上萬人，最後李登輝總統接見學運代表，承諾民主改革後，靜坐抗爭的活動才和平落幕。

（資料參考來源：OhMyGod網站 http://www.ohmygod.org.tw/OMRecom.aspx?ARID=A2012031900006）

L常常會提議工作人員應該爲自己爭取該有的權益、福利，或是合理的年終考績。當發生年終考績事件，點燃了工作人員的怒火：執行長的年終考績分數是八、九十分，最高分；再來是我大約七、八十分；其餘的婚暴、研究、會計等組別的人都是及格邊緣的分數。最離譜的是慰安婦組社工的分數居然不及格，只有五十幾分。L提議大家一起向董事會抗議，要求公開考績的審核標準及內容，要求執行長說明考績低下的原因。

何姊說明之下我們才知，年終考績是由董事長、人事主責董事與執行長等三方面依比例打分數，董事長的比例最重，人事主責董事次之，執行長最少。慰安婦組社工考績不及格是因爲她工作態度太情緒化，與人溝通方式太激亢；婚暴組纓花，執行長要升她爲組長，但是她不想擔任組長，希望維持平權的團體領導方式，也被扣分；研究員L與執行長溝通時態度強硬，沒有工作倫理，必須扣分；纓花、L沒向執行長報備，就自行參加婦女新知基金會「家變記者會」，扣分。所有工作人員都覺得這種考績標準，完全忽略大家辛苦、認眞工作的成果，實在太令人傷心、失望。大家冷靜思考之後，認爲是因爲董事長、人事主責董事並不清楚我們工作認眞努力的面向。大家不放棄，要求讓工作人員進入董事會作說明，並且提議增加工作人員自評的制度。董事會經過討論之後同意有一位員工代表到董事會表達意見。結果大家都選我爲代表

我跟男生一樣好（併用版畫）

——以前最溫順、最少表達意見，後來慢慢開始會主動說自己想法的人——希望我到董事會發言，讓我有更大的自我突破。

我是獨生女，父母親雙薪工作，平常放學後幾乎都是一個人在家，總是習慣自己想事情，特別不擅長講話溝通；在家裡是個乖巧的孩子，在學校是個懂事聽話、不惹麻煩的學生；大學畢業後到婦援會工作，給同事、董事的感覺也是一個溫和、順從、好相處的年輕女孩。然而我有一個別人看不到的面向，我是很有自己看法的人，也不容易被輕易說服，但是這個面向很少表露，在公開場合我不習慣表達自己想法，會多聽、多觀察。沒料到，在婦援會工作，也將自己這個隱匿的面向發展出來了，七人工作團隊強調平等，每個人都被鼓勵表達自己的想法，在跨組合作時，漸漸地我也主動地說自己的想法，更體認到性情溫和的人也有表達意見的能力與權力。當大家選我代表工作同仁參加董事會議時，我也想要給自己挑戰，於是就勇敢地接受這個任務。

當年參與董事會議的細節，其實記憶已經模糊。現在回想起來，可能當時考績事件一發生後，我們先是請何姊在董事會表達大家的訴求（卻遲遲沒有善意回應），後來進一步要求推派員工代表出席董事會，直接爲我們自己發聲。經過這樣長時間的來來回回爭取，有些董事已經對此事件產生疲憊與不悅。也或許，我只能傳達工作人員的想法——年度考績應加入員工自評的部分，沒有高超的談判能力以及強硬的抗爭態

“七人工作團隊強調平等，每個人都被鼓勵表達自己的想法，在跨組合作時，漸漸地我也主動地說自己的想法，更體認到性情溫和的人也有表達意見的能力與權力。”

度，所以最後有負眾望。董事會決議年終考績分數維持不變，但是將設立一個公開公正的考績辦法，也將員工自評的意見納入。年終考績的事，最後董事會並沒有重新打考績，員工們當然失望，但是終究要新訂公正的考績辦法，又有將我們的意見「員工自評」納入，這結果差強人意，我們勉強接受。

我與同世代一般台灣女性一樣，在父權的社會環境長大，對於女性特質應該是溫順、低調、容忍的認知是遵從的，又加上在家是獨生女，是父母關注的焦點，想要什麼東西，從來都不必爭取就可以輕易擁有。因此，對於「爭取權益」的概念與行爲都是陌生的。進入婦援會工作之後，當然知道「婦女權益」，但是那是對服務對象的弱勢婦女而言，不是運用到自己身上。然而L給予我的震撼教育是：「我們如何服務婦女，就要如何對待自己；我們鼓勵婦女如何爭取權益，就要如何爲自己爭取權益。」秉持這個信念，她顛覆「苦命社工」的舊思維，爭取社工要有專業的薪資和權益。

社會對社工員的期待是「有愛心又任勞任怨的人」，而且多數社工是女性，更理所當然被鼓勵做犧牲奉獻，於是社工變成一種高付出、低薪資的專業。尤其婦女團體的財源都是靠社會大眾的捐款，員工的薪資自然比在政府公家機關或私人商業公司工作的薪資低，尤其是強調爲弱勢婦女服務的婦援會，工作人員薪資不高，我們也都接受的。婚暴組、慰安婦組辛勞的社工們好像也沒不滿她們的低薪資。然而L卻前衛又大膽地提出「專業社工，專業薪資」，要求董事會要爲社工加薪。L認爲我們既然爲受暴婦女爭權益，自然就不該壓榨爲受暴婦女服務的社工的權益。

L顛覆了「講求犧牲奉獻的傳統社工形象」的認知，她確實在實踐「爭取婦女權益」的理念。我眞正見識到「理念與行爲一致」的婦女工作者。執行長也認同L的想法，向董事會提出爲社工加薪的提案，而董事會居然也通過此提議，雖然加薪幅度不高（財務考量），但這正表示婦援會是一個婦運的團體，眞誠注重女性的權益。

只是很可惜與遺憾，L的長才並不是所有董事都肯定的，某些董事認爲她的性格太強烈，行爲太激進了。所以最後進行組織改造時，L雖然擔任福利部的主任，不久，她與我們其他多數員工一樣選擇離職，沒有機緣在婦援會發揮專長了。多數員工離職，表面上看起來是員工與執行長之間理念不合、無法溝通所產生的最後結果；其實，執行長夾在董事會與員工之間做得很辛苦，因爲當時的董事會主導性非常高，而我們這一群員工又很想徹底實踐女性意識，等於說執行長面對兩群都很強勢作爲的人馬，既要幫兩邊溝通理念，又希望有雙方都能滿意的結果。但是實在很難。

例如，婦援會曾經結合某個商業形象鮮明的企業舉辦募款活動，L就非常不認同：我們是做弱勢婦女服務，不該向商業高消費群體靠攏，而是要與一般婦女同在。L提出向婦女做「小額捐款」的策略，工作人員都認同L的想法；執行長向董事會反應同仁的想法，但是董事會決定要與企業合辦募款活動，要求執行長完成這任務，執行長只好反過頭來勸說工作人員：企業願意與婦援會合作募款，有助於基金會的財務狀況，大家才能有更大的力量推動各項服務目標……只可惜，我們這一群急著實踐女性意識的員工，並未被執行長說服，反而認爲執行長的女性意識理念不夠堅強。就這樣，執行長與工作人員越來越有距離了。現在回過頭去看，當初如果工作人員能多了解執行長的立場，用緩和一些的態度和執行長溝通，或許最後不會以多數員工離職的下場落幕。

集體離職風波

風波爆發時，工作人員曾集體提過兩次離職。第一次提辭呈，企宣的主責董事王姊來慰留我，還說假如我眞的要離職，會幫我安排到另一個民間婦女團體工作，她很肯定我在工作上的表現。只是到了第二次提離職，她對我們感到有點失望。她不解工作人員爲何還要一直抗爭？對董事而言，工作人員的離職行爲是一種向董事會抗爭的象徵。那時候我們這些在第一線的工作人員打從心裡沒有抗爭的想法，只是希望提出一些建議，希望透過良性的溝通讓組織有一些良性的改變。但王姊和部分董事認爲在我們員工第一次提出離職時，董事會都出來處理了，也挽留我們，事件就算落幕了，一切就應該回歸正軌，怎麼又冒出第二次，妳們是不是在鬧？就是「董事們都釋出善意，妳們怎麼還這樣！」的失望心情吧，所以第二次提離職，王姊就沒再來找我談話了。

回想起來，眞的是從年終考績評分不公平的事件開始，它是一個爆發點，我們希望可以跟董事會就此事溝通，但幾次透過執行長何姊去談都沒有實質的幫助，兩端似乎誤會越來越大，我們覺得這中間應該有什麼問題存在，所以才爭取一名員工參與董事會會議發表意見。之後，我們員工提出的意見，不論是爲爭取自己的權益還是爲機構的利益而提出的建議，董事會與執行長都認爲我們是在「抗爭」，而且多數董事認爲每次「抗爭」的始作俑者是L。

L是個具有女性意識倡議與影響力的人，只是態度上比較強勢一點。她觀點敏銳、文筆犀利，每每比我們先看到問題點，她的建議總是令我們驚豔：「對，沒錯！就是這樣！妳眞是太厲害了！」然後就會跟著她一起把想法化爲行動，L擬建議稿，然後大家簽名，提進董事會。

後來，多位董事認爲我們被L洗腦，尤其看到連我這麼溫和、聽話的人也變成會吵、會鬧的人，那一定是L的慫恿了。這對L很不公平。我們並不是被她蠱惑，我們只是被點撥；而且，那狀況是很自然的，當時的工作人員都沒經歷過什麼社會運動，

享受彼此，相互愉悅（併用版畫）

又都很認同L倡議的平權與女性意識理念。一般女性很少被鼓勵去爭取自己的權利，L會點醒我們；我們有一些糊模隱約的想法，L總是可以統整成具體的論點。這些對組織的建議都是我們一起討論、共同參與的。現在回頭想想，很可能是當時我們沒有將對組織的建議轉換成自己的說法，或用個別的方式表達，卻是採用全體工作人員簽名連署的大動作，才會讓部分董事認定是L帶頭，將罪名安在她頭上。

說實話，當時婚暴社工纓花在平權與女性意識的理念上，思緒清晰、表達率直，也常與執行長何姐起衝突，但是她卻還是有重情感、柔軟的一面；相形之下，L的心與思緒都是很犀利、尖銳，相當有力的，一旦她認定是正確的事情，就會勇往直前去爭取，不被其他因素影響。所以某些董事才會認定這一切的一切是L帶頭的，連執行長何姊可能都有這樣的想法，因爲L在工作與溝通上的強勢態度，應該讓何姊一直備感壓力。

我覺得L有倡議女性意識與影響女性的特殊才能，對於當時不僅在第一線處理婚暴個案服務、更希望推動社會教育及立法的婦援會而言，眞的是一個很棒的人才。可惜的是，儘管當時董事們都是善良、有理念的人，卻還是有少數幾位董事無法接受L尖銳的言辭與激烈的表達方式，而抹殺她的能力，沒能提供她更適才發揮的舞台。雖然研究組主責董事與婚暴組主責董事都能接納她，甚至後來的新董事長也非常賞識她，但有幾位董事還是不能理解與接受，甚至還認爲她是麻煩製造者。如果當時能有

“以前認爲天經地義的事情開始被質疑，開始看到一些問題骨子裡的權力、階級意涵，而不再被表面裝飾所唬弄，開始會做一些權益與女性意識理念上的反省。”

多一點董事肯定L在議題上的能力，何姊也願意讓她在專業上有更多的發揮空間，婦援會一定可以爲婦女爭取更多權益。如此一來，也許當年就不會有大多數工作人員提出離職的事發生了。

尋找自己內心眞正的需求

我很喜歡婦援會的工作團隊的氛圍，那一段吃吃喝喝的日子，找美食，談夢想，很開心；我在企宣工作上充分發揮，能夠以性別意識思考社會議題。最後大家提離職時，我心裡是挺不捨的，可是又覺得何姊與部分董事對我們已產生誤解，假如繼續留下來工作，情況可能改變不大；最重要的是，多數人都離職，人事已非，感覺不再。最後，我也選擇離職。離開時只感到很可惜，「這樣美好的團隊沒有了」，內心並沒有受傷離去的感覺。畢竟在整個過程中，我成長許多了，而且都是正向的。

前面說過，婦援會是我的第一份工作，剛開始，我對平權的概念不是那麼在意，因爲在以往升學主義的教育中，並沒有被啓發。老師只看學生的功課成績，不會教妳要爭取女性權益、爭取平權。到婦援會工作，尤其是碰到L、纓花、佩玲這一群人之後，這部分才被慢慢開啓，以前認爲天經地義的事情開始被質疑，開始看到一些問題骨子裡的權力、階級意涵，而不再被表面裝飾所唬弄，開始會做一些權益與女性意識理念上的反省。這是我人生一個很大的轉折。

離開婦援會，休息一段時間之後，我去好友萍萍上班的青少年基金會工作，當然與自己好友工作一切都很開心，辦公室裡就我們兩人共事，自主且快樂。只是基金會礙於經費，編制只能有一位正式員工，我的薪水多半靠申請政府方案的經費來支撐，薪水受限、辦活動事情很多常需加班，對於當時已有二個小孩的我來說，似乎不再適合。因此，不久就決定離開了。

由於在婦援會工作的經驗很美好，我很想再去其他公益團體工作，但又考慮是不是該去商業界闖闖看？就這樣反覆思考著，也開始對自己不滿意，覺得當初婦援會那群工作夥伴離職之後，各個都有自己的成就，L創立了台北市第一家社工個人事務所，佩玲回去婦援會擔任執行長，纓花在台東過著自己的理想生活，畫畫、寫作；好像只有我找不到自己想要的道路。

經歷一段低潮日子，我突然想起以前在婦援會工作時，L與纓花常常會強調婦女都被父權社會歧視、壓迫，被塑造成溫順的女兒、妻子、媳婦，被要求要成爲照顧者，照顧丈夫、孩子、公婆；整個社會很少鼓勵女性去思考自己眞實的需求、自己內在的欲望，自己眞正想要過的生活。這時的我，已婚並且生了二個女兒，丈夫、公婆都對我很好，不會壓抑我，也都支持我出外工作，退休的母親與家管的婆婆都願意幫我帶孩子。那我想要過什麼樣的生活呢？我是個很簡單的女人，對於未來沒有什麼特別的企圖，只想有一份我喜歡且職場環境友善的工作即可；另外就是我喜歡我的家庭，我是獨生女，從小就很孤寂，結婚後，我想要生最少二個小孩，享受孩子圍繞的家庭生活；最後希望有餘裕享受美食、友誼。

過著自己想要的生活

清楚自己眞正想要的生活之後，我有了不同的力量，找到一份廣告公司的工作。廣告公司分工清楚，沒辦法像以前在婦援會那樣常常跨組相互支援，但整間公司仍像是大家庭一般，工作氛圍不錯。廣告公司注重利潤，不像公益團體講究人權服務，但是也不像傳統產業那樣體制僵硬、講究階級制度。廣告公司因爲以創意爲主，反而很注重「人」，開放自由地讓員工表達想法、儘量滿足員工的需求，也提供員工學習進步的在職訓練機會。我很清楚這是我喜歡的工作，我心裡不會再覺得自己不好了。

現在的我，能夠這麼歡喜地工作，愉快地享受家庭生活與朋友情誼，這都要感謝那一段在婦援會工作的日子，經歷過女性意識洗禮、開發，讓我最後明白我眞正想要過的生活。

眞心感恩，那一段一群美麗的女人共合作共享樂共革命的美好歲月。

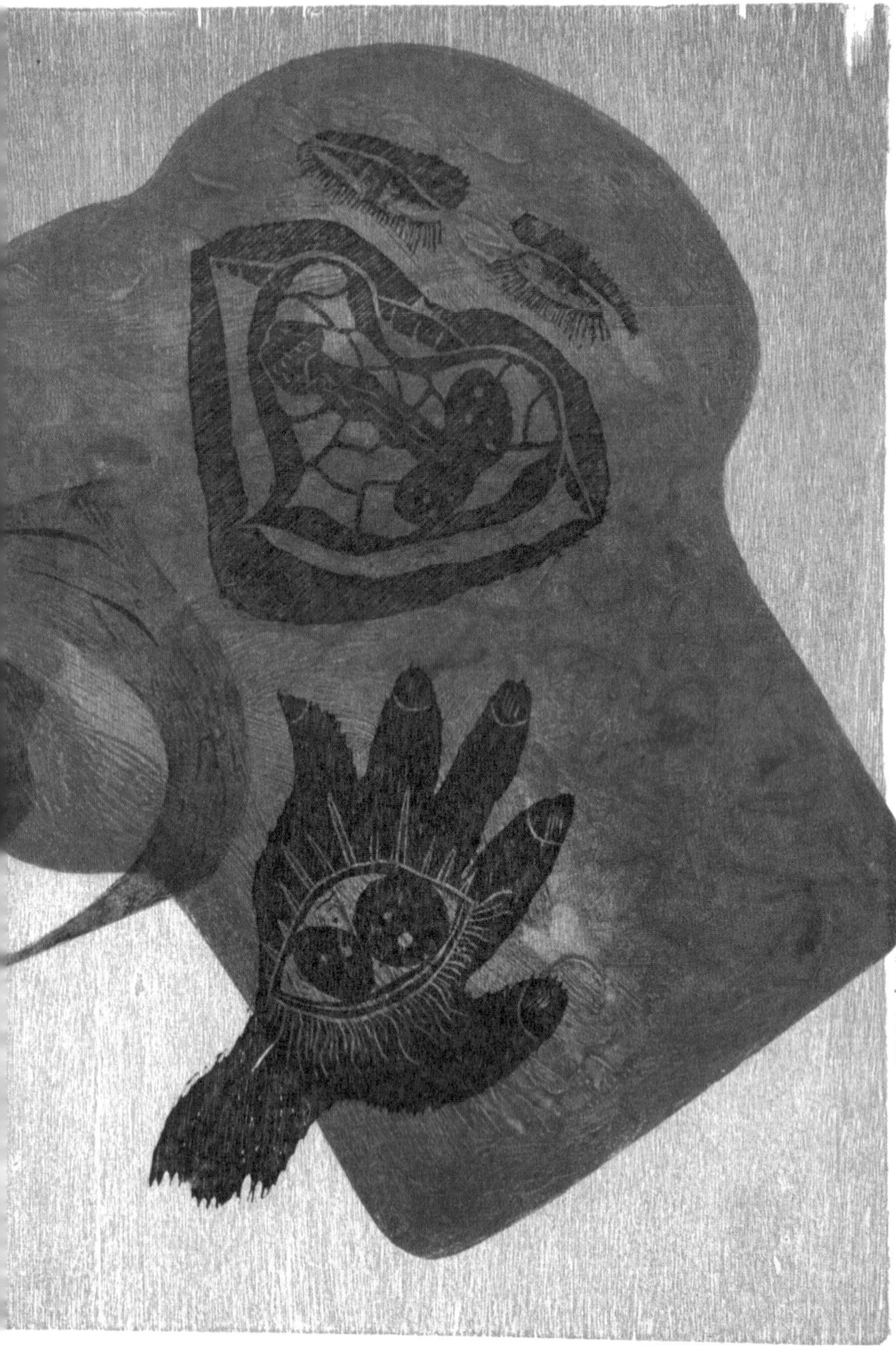

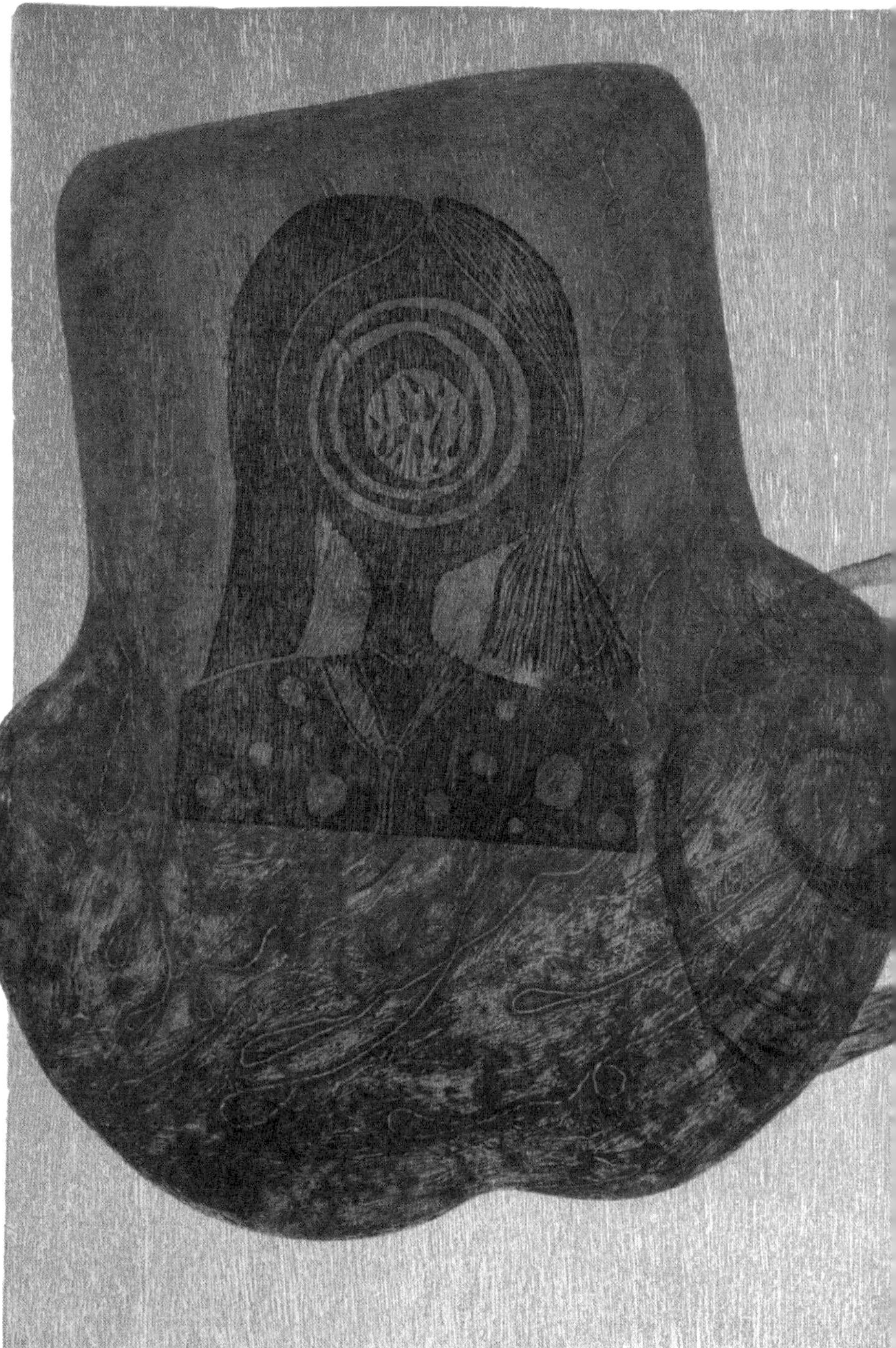

丁雁琪

1988年 東海大學社工系畢
1992年 東吳大學社工碩士

從事社會工作二十多年，投入領域包括：精神科／婚姻暴力／兒童虐待／性侵害

曾任 ：
臺北縣家庭暴力暨性侵害防治中心主任／台北市婦女救援基金會社工督導／台北市社會局社工督導／台北市立療養院社工

現任 ：
財團法人天主教福利會 副執行長

整理實務經驗之撰文：

1992年 《高學歷精神分裂症患者主觀經驗研究》，東吳大學社工所碩士論文。
1998年 〈論受虐婦女救助系統中的二度傷害〉，社會建設。
2000年 《家庭暴力存活者付出的代價：全國婦女人身安全會議手冊》，行政院婦女權益促進委員會主辦。
2006年 〈反婚姻暴力的在地行動與全球聯結〉，《應用心理研究》第32期。

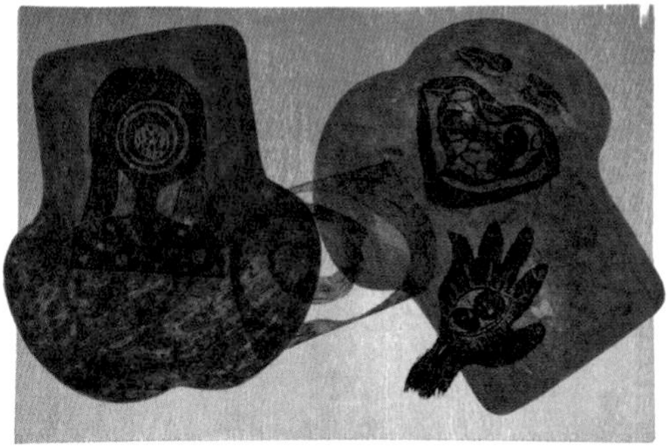

穿梭者

在公部門與民間團體之間

口述／丁雁琪
採訪／纓花．吳佩玲
撰文／纓花

訪談丁雁琪是一件很特別的事情。準備書寫婚暴服務的回憶時，除了訪談當時在婦援會一起工作的人之外，佩玲與我都認爲還需要一位婦援會之外的同行人來說明那時候的時代氛圍，以及對佩玲、L與我三個人的客觀看法。討論人選時，我們一致認爲最最適當的人非雁琪莫屬，她在公部門的婚暴服務工作經歷豐富，也與我們三個人有不少的交流；在我們離職之後，她也進入婦援會工作過。

惺惺相惜的同行

第一次見到雁琪是在一九九七年一月左右的一場婚暴社工密集訓練研討會，當時她是台上的授課老師，演講內容是她在台北市北區婦女中心從事婚暴服務的實務經驗。我是台下的聽講人，剛進婦援會，沒有婚暴服務的社工經驗，一聽說台北市政府辦婚暴研討會，馬上報名參加。雁琪的演講令人印象深刻，她提到：「爲了提供受暴婦女安全的保密住所，我們可能要面臨被案夫跟蹤的壓力。」「社工也常被案夫辱罵、甚至威脅，因此在保護婦女的同時也要學習保護自己。」我心裡滴咕著：「天啊！這婚暴社工是什麼工作？怎麼如此驚險！這雁琪眞是一個厲害的社工！」

當時我並沒有特別去辨識雁琪的職務，只知道她對於做婚暴直接服務的經驗非常豐富，聽過她的演講之後，自然而然地將她當成我進入婚暴工作的啓蒙老師；此外，她對婚暴工作的熱情也深深地感動了我。之後，因工作需要，我們和她經常在各種台北市政府的婚暴網絡會議上見面，才逐漸相互熟悉起來；身在公部門的她頗認可我們婦援會婚暴服務的工作方式，會議結束之後，彼此會問候與討論一下工作的狀況。當時我們與雁琪並沒有深入的私人友誼交往，但彼此之間卻存有一種「惺惺相惜」的默契。

雁琪在二〇一〇年離開公部門，做起自由業人士，偶爾接場演講、工作坊，其餘時間則是在修身養性，我想她一定有時間受訪，寫了一封媚兒邀請她訪談，很快地她就回信了。她願意接受訪談，但是又覺得要回憶過往婚暴服務工作需要很大的勇氣。知道雁琪願意受訪，我很高興卻又很疑惑爲何要「很大的勇氣」？訪談過後我才明瞭，她的婚暴服務工作經歷起伏相當大，成長多，傷害更不少，眞的需要勇氣才敢面對這些繁雜糾結的回憶。

深知她喜歡喝咖啡，我們找了一家有賣單品咖啡的店進行訪談。佩玲、雁琪與我三人，一推開大門，就見到一台巨大的咖啡豆烘烤機，整間店洋溢著烘烤咖啡豆的香味。一坐定，點好咖啡後，佩玲、雁琪兩個有智慧型手機的中年女子，就開始準備打卡了。我這個沒手機的人當然就負責擺 POSE 了，照了幾張照片之後，才開始喝咖啡，談話。

夢中的咖啡（水彩畫）

雁琪說想先分享一下上星期她去某個民間婦女機構員工活力營帶討論的心得，當做暖身，再來受訪。暖身完，我便直接問她當初她在台北市政府公家機關時，對我、佩玲、L三個人的看法是如何？雁琪睜大眼睛對著我與佩玲說：

妳們三個人，眞是好奇葩！我有印象是說，我不記得是什麼場合，我聽說妳們去婦援會應徵面試時，都會被問到一個問題：妳敢不敢上街頭？那時候我在公部門看妳們三個人，覺得妳們是做婚暴議題的婦女團體裡，對於衝撞舊有父權思維最有直接行動力的人，發言很自由，很直搗黃龍。

聽到「好奇葩」，我內心滿爽的，雖然她肯定的是十七年前的「我們」。至於面試有沒有被問到：「妳敢不敢上街頭？」我是忘記了，佩玲也說她不記得了。對我們而言要參與婦運工作，「上街頭」遊行抗議是基本的行爲，我們不會特別訝異；不過，對於當時一直在當公務員的雁琪來說，社工員還要上街頭抗議卻是令她很震驚的事情。在她眼中我們是挑戰父權思維、發言自由的人，這樣的看法與我們對自己的認知是一致的；我們在婦援會從事婚暴服務時的熱血與認眞，雁琪確實有感受到，不是我們自爽而已。我比較安心了。接著就是好好地深入訪問雁琪的婚暴工作經歷了。

精神科社工

由於我對雁琪的學歷、工作背景所知甚少，心中一直以爲她是一條鞭的大學社工系、社工所畢業，之後直接進入政府機構從事婦女服務工作。就請她先談一下這部分。

雁琪說她大學是讀東海大學社工系，大三那年，她去醫院的精神科實習，實習結束，心中就認定以後要成爲精神科的社工。當時的制度背景，要成爲精神科的社工一定要通過國家的高普考試。大學一畢業，她同時考上高考與東吳大學的社工研究所。高考的部分她延後一年去報到，先進入研究所讀書，研一時她很認眞修課，研二時才到台北市立療養院上班。她原本研擬的論文題目是「一般醫療的求助行爲」，然而到精神科實際工作之後，她發現那領域有太多有意思的東西存在，便想認認眞眞地寫出一篇論文。那時候，她在市療接觸到一群很有趣的病友，雁琪回憶說：

他們大都唸到大學、研究所、甚至博士才發病，妳只要不跟他講到某些與他症狀相關的議題，一切都非常好。另外也有碩士學歷的病友，病情穩定之後拿碩士文憑去應徵洗車工作，老闆不敢用他。我有這些實務經驗，所以就想去訪談這樣的病友，到底他們生病的狀況是怎樣？他們並不是全部都無能，其實自我是在的，那他怎麼去面對自己認同的改變？

當時社工界流行量化研究，很少人做像雁琪這樣的質化研究。她很感謝指導教授程玲玲，程老師不斷鼓勵她：「沒問題，妳就去做。」在市療工作到第三年（一九九一年），終於寫出自己滿意，指導教授稱讚的《高學歷精神分裂症患者主觀經驗研究》的論文。

談到這裡，我真是大吃一驚，原來雁琪最開始有興趣的是精神科社工，並不是婦女服務，完全顛覆過去我對她的想像。我非常好奇地問她何時才開始接觸到婚暴服務的？雁琪喝了一口咖啡，皺著眉頭，又笑了一下，開始追憶起她的「初始婚暴服務工作」。

在市療工作了四年左右，雁琪發現在醫院工作有一堵圍牆保護著，生活也很單純，尤其在教學醫院工作，資源、經費都很充裕，很穩定地上下班，她擔心自己的年輕生命就要「一直平穩地好命下去」。她說：「我就想，應該趁還跑得動的時候去社區工作吧！免得十年後，年紀大了，會不會像溫水煮久的青蛙，想改變也跳不出去了。」在市療的最後一年，待在兒童心理衛生部門，那年台灣立法院正在修兒少福利法，積極推動兒童保護，她想「出院」去做兒保工作，便申請轉調去台北市社會局。怎麼說是「出院」？原來，在市療工作，進去時，大家說是「住院」，離開時，就說是「出院」。

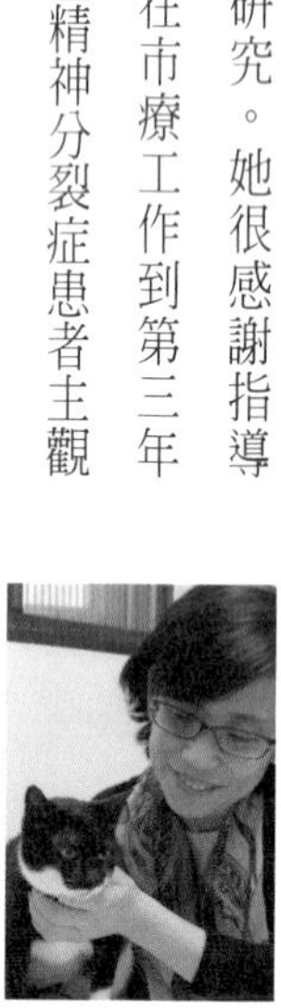

“工作該如何做都得看資料，我的狀態就是，第一個小孩照書養，第二個照豬養，不知道該怎麼做的就找書來讀。”

初入婚暴領域，衝擊很大又很孤單

雁琪以爲「出院」後應該就是去做兒童保護，出乎意料，她反而被調去做婦女工作。奉派到「台北市政府北區婦女福利中心」（簡稱北婦中心）做婚暴服務。她當時心裡還想著婚暴應該會閒閒沒事做，是個閒缺吧！她自嘲說：「那時我對婚暴的概念只有兩個字：無知。」眞正進入北婦中心之後，她發現這是一個很有意思的機構。

北婦中心是在一九八八年九月成立的，隔年元月開了「康乃馨專線」，做台北市所有的婦女服務。後來，北婦中心發現婚暴這件事情需要政府介入，督導孫麗珠申請了亞洲基金會的經費去紐約訪察，並帶回美國民間從事婚暴服務的模式。孫麗珠那時做婚暴非常投入。到了一九九三年，台北市社會局正決定把北婦中心轉型成婚姻暴力專案中心，雁琪就是在這時候進入北婦中心。很可惜，她調去的時候，孫麗珠這批草創婚暴服務模式的人大都離開了，之前帶回來的服務模式也都變成文獻資料。雁琪想起那段獨自摸索的日子，很誠實地說：「工作該如何做都得看資料，我的狀態就是，第一個小孩照書養，第二個照豬養，不知道該怎麼做的就找書來讀。」不過，初步的婚暴服務模式已經被創立出來，像熱線、法律諮詢、庇護等服務項目都有了，只是婚暴的核心信念與價值觀需要從文獻裡去找，對雁琪來說這一切都是新的，得自己從實務裡摸索。

對於第一個婚暴個案，雁琪記憶猶新：

我的第一個婚暴個案是剛到北婦中心第十天接的。那是中午的時候，可以接線的社工都去吃飯了。那婦女來的時候已經受傷了，我完成接案程序；然後，我印象很深刻，那婦女跟我說：「拜託妳打電話給我先生，跟他說我被政府機構安置了，不然他會以爲我在外面討客兄。」我以前的訓練就如《熱鍋上的家庭》書上寫的，認爲夫妻許多問題都與家庭系統有關係，這也是我熟悉的工作模式，就是把婚姻暴力的發生當成是家庭關係的問題來看待。我打電話給她先生，結果，通話四十分鐘，都在被她先生罵。這位憤怒的先生口頭攻擊我的兩個重點在於：第一，他罵我說：「妳有證照嗎？憑什麼來管我家的事？」第二，他說：「立法院打來打去，妳不去管他們，幹嘛來管我家的事情。妳知道她做了什麼事情我才動手的嗎？有問題的是她，不是我。」

第一次打電話給受暴婦女的丈夫就被罵慘，這件事情對雁琪的挑戰很大，也讓她開始思考兩個新發現的問題。首先，她發現，過去學習的家庭系統的理論對於婚暴服務完全不夠用；其次，她感受到婚暴的工作，與法律、性別、權力都很有關係。在這種狀態下，她又思索著，身爲婚暴社工，自己的位置在哪裡？自己的價值觀在哪裡？如果以家庭系統角度來處理，就是站在溝通的位置；如果以法律、性別與人權角度來處理，就變成站在婦女意識的位置。雁琪完全不知道自己該站在哪裡？後來，她找到一本家族治療的書：

在這個邊做邊學的過程，我找到一本家族治療的書，它寫著：「治療師要小心！當你進入她的家庭，你就像是進入了橄欖球戰場。你會被撕裂，因爲她們期待你的是：做公親。你說，誰才是對的？」我覺得這很符合我做婚暴服務的初始經驗。

反思之後，認眞努力的雁琪，靠著北婦中心之前孫督導從美國帶回來的婚暴訓練手冊等有限的資料，以及自己找一些相關書籍來研讀，土法煉鋼地摸索著婚暴的直接服務方式。然而，做了二年之後，雁琪面臨了一個自我整合的問題，她找不到方法解決，便說服自己離職吧！她還深刻記得那時候自己的內心掙扎：

我面臨一個自我整合的問題。很多婦女來，花很多時間解釋：她不是懶女人或壞女人，只是因爲先生覺得她不夠賢慧、不能滿足先生的某些期待，她爲這個關係做了許多努力，最後仍然被打了。我聽了很多這些婦女說的夫妻關係裡頭的議題，我覺得都是平等的問題啊！很多婦女述說著我們文化對女人的期待，好像成了先生理直氣壯的藉口。這非常衝擊到我自己的生活，因爲我也內化了傳統文化對女性的期待。有一天，我在家就跟老公發脾氣說：「你爲什麼不倒垃圾？你爲什麼不洗碗？你爲什麼不做飯？」我老公想說今天又發生了什麼事了嗎？他不明白這些家事爲何對我造成這麼大的壓力。當我在自己的現實生活都需要爲了這性別平等不斷去教育、要求、爭取，如果我自己的生活都沒落實，那我如何面對有婚暴經驗的婦女要她們去爭取平等？

到北婦中心上班之前我剛做完月子。在坐月子的時候，我便有兩個疑惑。首先，我非常有感受的一件事，就像我對我母親與婆婆說：「這孩子在我肚子裡十個月，生出來就姓他爸爸的姓，爲什麼？」第二個問題是：「爲何只有女人請產假？我們家迎接一個新生命，可是改變的都是女人，包括身體、心理、工作職涯，全部都改變，而爸爸的作息卻不太需要改變。」有啦，只有晚上下班回來幫忙照顧小孩。我坐月子時就很衝擊了，後來上班了，每天，白天要面對婦女講平等，晚上回家後要捲起袖子做家事，那衝擊更大。那時的想法就是說，要嘛就離職，換一個工作，就不用每天有內在衝突；不然，就好好面對自己的人生吧！就是這兩個選擇。每天心裡都很掙扎。

聽到雁琪當時這些掙扎，我心裡想著，這女人做婚暴服務工作不只是一份工作而已，是眞眞實實用自己的生命闖蕩出來的，難怪佩玲、L與我三個人認識她的時候會感覺這麼「麻吉」，我們都是要求實踐性別平等意識，不容自己心口不一的女人。

對於雁琪當時的女性自覺，雖然已經是二十幾年前的事了，還是讓我好生敬佩，我舉起桌上的咖啡杯說：「雁琪，我敬妳。」雁琪笑著拿起她的咖啡杯與我碰杯，一旁的佩玲也舉起她的咖啡杯喊著：「我也要敬酒！」

除了自我要求實踐女性意識的掙扎之外，最讓雁琪感到無力、孤單的，就是社會在守舊的價值觀之下，所有醫療、警政資源網絡都無法給予北婦中心的社工支援：

我記得，那時還是每週上班五天半的一個星期六早上接到的求救電話，那位婦女嚴重受虐住院，住院中她先生還來打她。她先生不斷地去擄醫院說：「出院！出院！我要帶她走！」

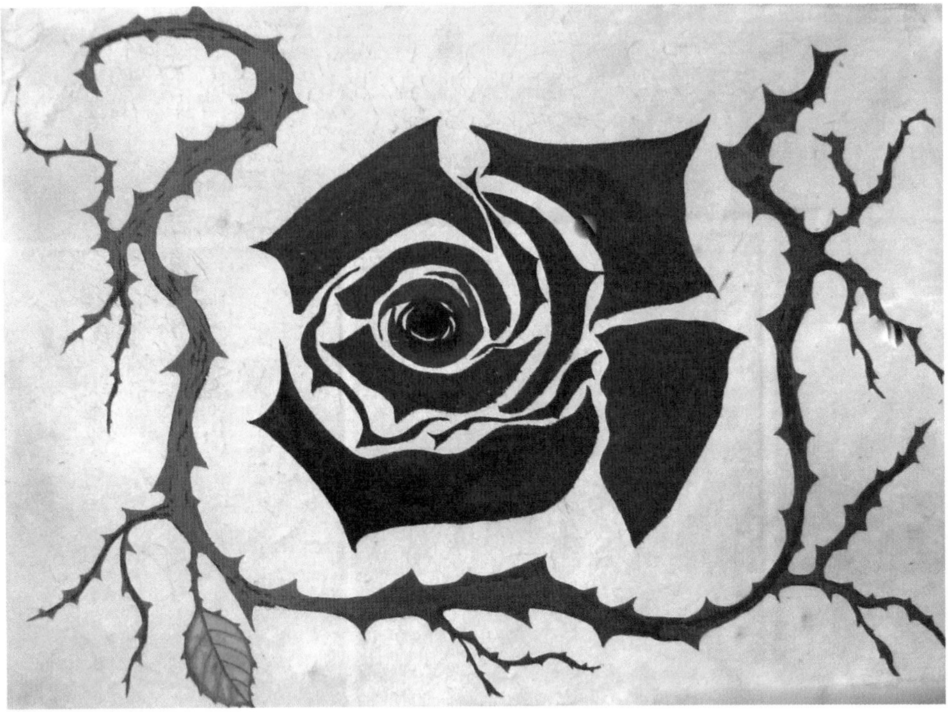

愛．有刺（水彩畫）

那時〈家暴法〉還未通過，整個保護網絡尚未建立，醫護人員不知道該怎麼辦才好，我叫她們幫她換病房，醫護人員說：「可是她先生一直來鬧我們！」我說她老公又不是她的監護人，「可是他是家屬ㄟ！」我說她意識清楚，她不能爲她自己做決定嗎？然後護理人員就說：「妳講的很有道理，可是妳可不可以跟醫生講？」然後我就跟醫生講，一直講一直講，講到最後，那醫生說：「可是這老公一直在我們護理站鬧，那該怎麼辦？」

我說你不會叫你們的警衛來處理，那醫生居然說：「那妳可不可以跟我們警衛講？」所以，最後我就跟警衛講，講完之後，警衛說：「那我們處理不來怎麼辦？」我回答他：「這時候，你就要找管區了。你們自己去講，我只能講到這裡了。」後來那天的決定，就是請警察把她接到庇護中心。

我和受暴婦女還在庇護中心時，社會局已經接到某政黨人士的電話說：「你們社會局不是勸和不勸離？這樣把婦女帶走，怎麼解決問題？」我主管就問他：「婦女申請庇護，你怎麼會知道？」「就是問醫院，醫院說被警察帶走，問警察，警察就說人被社會局帶走！」那政黨人士理直氣壯地回答。

當時的大環境狀況，做婚暴服務眞的是腹背受敵。面對社會要倡導被害人權益；面對自己社工必須與內在舊有父權文化的思維作戰；面對創傷累累、早已習慣無助的婦女，社工又得自己學習方法去幫助她們。當時北婦中心有五個社工，之前建構婚暴工作模式的靈魂人物都走了，大家只得從實務中摸索，雖然在情誼上會彼此支持，但理念不盡相同，因爲不是每個社工都清楚婚暴的本質。雁琪認爲不能固守舊有模式，她發現，她們必須自己在工作發現什麼就去發展。譬如，她與另一位同事，看到婚暴離婚後的婦女提到單身後要會理財，她們就會辦一些理財講座；婦女說她會插花，她們就幫她辦插花教學活動，給她講師費。只可惜整個北婦中心的經驗仍是小衆，並且是相當孤獨的。

那時，放眼望去，全台灣的政府福利機構，好像只有北婦有婚暴專案中心，台北市其他社服中心都是做兒保，注重家庭重建。當時做婚暴社工是很孤單的，因爲相關網絡單位都還跟不上腳步，無法支援社工，而且社會大衆對婚姻暴力的實際狀況仍然十分不理解、不友善，社工經常得單打獨鬥。例如，有婦女被先生打，向北婦社工求助，社工幫忙打電話去警察局報案，值班的警察竟然說：「她長這麼大隻，可能是她打先生吧！」雁琪和同事們經常爲了這類的事情與警察吵架。

台灣社會的舊思維一直認爲婚姻暴力是「家務事」，一直到了一九九三年，發生鄧如雯殺夫案，社會大衆才開始注意到「婚姻暴力」的嚴重性。我問雁琪，既然已經有北婦中心在做婚暴服務工作了，爲何新聞資料提到鄧如雯想去找社會局，可是朋友告訴她，政府沒人會管妳？雁琪認爲鄧如雯住在台北縣的鄉下地方，比較找不到資源協助她，而且那時北婦中心的康乃馨專線以接台北市的婚暴案件爲主。鄧如雯這案子曝光之後，大家才發現連資源最多的台北市也只有一個北婦中心在提供婚暴服務。市政府社會局局長白秀雄希望帶頭從制度面做突破，便撥出經費，召集跨局處與民間婦女團體組團出國考察〈家暴法〉。另外，當時北婦中心的康乃馨專線，來電求助的婦女其實並不多，而且通完電話願意接受面談與後續服務的婦女，也只有約三分之一的比例。後來媒體大幅報導鄧如雯殺夫案，女性團體大力聲援，引起社會關注進而改變觀念，才開始有很多受暴婦女願意站出來，那陣子北婦中心的電話量明顯地增加許多。

找到答案了

在北婦中心工作讓雁琪的內心很衝突，她不斷自我檢視實際生活是否能落實性別平等？加上當時社會環境又不那麼重視婚暴的議題，警政、醫療、司法等體系也太不關心婚暴婦女，她感覺很無力，有些不想做婚暴工作。正當她考慮是否該離職時，卻出現一個不可思議的轉折點：

正當我面對很多來自體制內機構系統的挫折以及個人的掙扎，想著要不要離職時，剛

“看過美國這些民間婚暴機構之後，我釋懷了心中所有的疑問，之前對婚暴工作的質疑，通通找到答案了。”

好有一個出國受訓的機會，被派到的人不願意去，問到我要不要去？我當然說好！那時候已經很想要離職了，沒料到，居然有機會去看美國的民間婚暴機構。我們出差兩個月，到俄亥俄州、肯達基州，還有紐約市。看過美國這些民間婚暴機構之後，我釋懷了心中所有的疑問，之前對婚暴工作的質疑，通通找到答案了。

雁琪的婦女服務工作生涯就是如此神奇，來了這個大轉彎，柳暗花明又一村。不過，我認爲這應該是上天知道她是一個眞心又有實踐能力的婦女工作者，適時地爲她補充能量，讓她繼續爲婚暴婦女奮鬥。

我很好奇雁琪心中對婚暴服務的疑問是哪些？原來，一九九四年二月，當媒體披露鄧如雯殺夫案判刑確定，雁琪就發現做個案服務很無力，當社工提供婦女保護資源時，很多婦女都會向她說：「但是，因爲⋯所以⋯⋯但是，因爲⋯⋯所以⋯⋯」，這些婦女經常卡在那裡動彈不得，無法眞正爲改變而採取行動。走出中心大門面對社會大衆，雁琪大聲倡導婦女權益；然而，關起門來，面對求助婦女的裹足不前，又讓她感到恨鐵不成鋼。雖然對個案服務有無力感，但是雁琪還是很想知道：是什麼因素讓這些婦女變成沒有行動力？

後來，又發生一件事情，更激發雁琪想找答案的好奇心。農曆過年前，有個婦女告訴雁琪說不回家過年，因爲她爸爸覺得她讓家人丟臉；另一個婦女也說過年不回家，因爲她怕老公會去亂鬧；還有一個婦女過年也不想回家，因爲她不想去面對親戚。雁琪就想，那乾脆讓這三個婦女過年前來見個面，交換一下心得好了。雁琪發現，這三個婦女個別與她會談時都顯得很沒力，在三個人聚會時，卻非常興奮開心，還熱烈討論說，鄧如雯做出了她們心裡想過很多次的事情，她們明白鄧如雯走上殺夫這條路之前的走投無路感。她們三人成爲團體時，能量很高，可是與雁琪個別談話時卻有氣無力。這給雁琪很大撞擊，她開始懷疑，這也許不是自己這個社工不夠努力、能力不夠，也不是婦女不夠積極，一定還有些什麼因素在影響著婦女面對婚姻暴力的無力感。

直到一九九五年五月去美國考察，參加當地很多民間婚暴的團體，她心中三個最嚴重的疑惑都一一被解答了。首先，她發現台灣婦女很多「但是」，比如說：「但是，我就是愛我先生啊！」「但是，我就是擔心小孩監護權被拿走！」這些台灣婦女的問題，與美國婦女的問題一模一樣。雁琪第一個被解答的就是：這不是社工不夠努力，或是婦女不夠努力，這可能是親密關係暴力問題的本質——被害人面對權力不對等所帶來的進退維谷的困境。第二個解答，以前雁琪總是幻想說，美國是先進國家，女性意識比較高，待她真的去了以後才發現：「什麼權利都嘛是婦女自己爭取來的！」她學習到，如何倡導終止親密暴力的策略，也是從事婚暴服務很重要的工作。第三個解答是，美國婚暴搞了一百年才有一點法律上的進展，法律通過之後又搞了二十年，還是狀況連連，那台灣眞是急不來啊！雁琪開心地回憶說：

> 我好像就放鬆了，那個孤單感被打破了。還有一個是，她們有比較具體的教育素材、DM、工作手冊。她們的女性社工，在自己的生活範疇，也要去爭取女性權益。原來身爲女性，大家的處境都一樣。所以一下子所有我對婚暴工作的疑惑、困頓都得到回應了，也明瞭以前我面對工作時的衝擊，都是正常的。

雁琪這趟美國婚暴訪察之旅，除了解除心中的疑惑之外，還有一個更大的收穫，她開始接觸到婚暴的核心問題了。她被開啓去思考：「婚暴的本質，究竟是個人層次的溝通問題？還是與父權社會文化的角色期待有關？是關係議題，還是法律人權問題？」她認爲這個觀點的釐清很重要，而且很關鍵。當時在台灣做婚暴服務的婦女團體，大多集中力量在立法，以及倉促地建構受害者的救援系統，對於婚暴本質究竟是什麼，雁琪認爲沒有人在做。保護被害人，大家都沒有疑義；但涉及誰要改變？誰要因爲暴力行爲而付出代價？就討論得太少了。爲了弄清楚婚姻暴力的本質，她拿了一千兩百個問題去美國，不斷地請教那些當地的婚暴服務機構的人。皇天不負苦心人，雁琪激昂地說：「我得到的，跟我二年來經驗到的內在衝突，跟內在眞實的信念是相合的。」去了美國考察一趟回來，讓她對婚暴服務所有的自我懷疑塵埃落定了。

台北市政府「婚姻暴力警醒週」的能量大爆炸

看著雁琪如此激動，我與佩玲好想知道去了美國一趟如同吃了一帖「大補丸」的她，回國之後又變成如何？看到她的咖啡已經喝完了，問她要不要再叫一杯？她有力地說：「這咖啡好喝，再來一杯。」

雁琪在美國意識到「倡導終止親密暴力」的策略是一件重要的事情，又知道婚暴服務工作急不得，她告訴自己要放慢腳步，心情也輕快起來。回到台灣之後，心情放鬆的雁琪，反而能量飽滿，立即在政府部門做起倡議婚暴議題的工作。

美國民間有一個「婚姻暴力警醒月」，大約在每年的十到十一月舉行。她回來之後，北婦中心在一九九六年十一月二十五到二十九日，辦了一個台灣版的「婚姻暴力警醒週」，找了現代、婦女新知、善牧等民間的婦女團體一起合作，在大安森林公園做了一系列的連署反婚暴契約；也開辦婚暴訓練工作坊、召開網絡會議。這「婚姻暴力警醒週」是一次很好的全國婚暴社工在職訓練，雁琪請來三位美國婚暴實務專業工作者，其中一位本身就曾經是婚暴的受害者，出人意表，她居然選擇在台灣第一次分享她的婚暴故事，讓大家感動不已。

婚暴警醒週將兩個婚暴議題帶進台灣：一、婚姻暴力的基本論述「暴力，沒有任何藉口」；二、呼籲社會大衆，婚暴不是夫妻個人之間的溝通問題，而是一個社會文化問題。雁琪企圖將婚暴議題從「私領域」拉到「公領域」，揭露婚暴的本質，並倡議「婚姻暴力是犯罪行爲，不是家務事」的新觀念。這活動最經典的是，雁琪她們運用「媒體」力量來推動婚暴議題。當時的台北市政府是首度綠色執政，陳水扁擔任市長，婚暴警醒週請他當主角拍了一支廣告短片。陳水扁是男性，又是市長，當時又相當有群衆魅力；這支影片藉由陳水扁型塑一種主流價值：「眞正的男人不打太太」。另外，也請當時的社會局局長陳菊拍了一支呼籲「男性不要打太太、女性不需要忍耐」的廣告。

運用媒體的策略相當成功，雁琪記得阿扁那支片子發揮了很大的符合在地文化的反暴力教育角色，廣告播出之後，北婦中心的社工接電話接到手軟。很多婦女打來要求：「阿扁那支廣告可不可以播放密度高一點，讓我先生看到，因爲男人對男人，他講的話對我先生有用。」那支廣告雖然是全國播放，卻都是在公益時段播出，密度根本就很稀疏，神奇得很，就是有人看見，可能因爲當時阿扁太紅了。阿扁的廣告能發揮如此大的效益，其實還暗藏了一些玄機。以當時的政治環境而言，還沒有〈家暴法〉，台北市政府的官員，沒有人會認爲「市長拍反婚暴的廣告」是一件重要的事情，如果雁琪遵循行政系統的流程是請不到阿扁來當主角的。她說：

當我收到 igu 說想我的信（黑白木刻版畫）

感謝當時協助側拍活動紀錄的全景映像工作室吳乙峰，他知道北婦中心很想推動這個男性站出來支持「眞正的男人不打太太」的觀念，是他運用個人關係，才邀請到阿扁首肯拍廣告。

「婚姻暴力警醒週」得到台北市政府社會局很大的支持與肯定，這活動能如此成功，實屬不易。當時台北市的政治生態不變，綠色政黨首次執政，民間婦女團體各有其支持的政黨；而對於欠缺政治敏感度的雁琪來說，她只想把事情做好，不問藍綠色彩，找所有與婚暴議題相關的婦女團體來合作。雁琪笑著回憶這段事情：

> 當時，我的想法很簡單，就是儘可能聯繫民間單位的婦女團體進來共襄盛舉。我根本沒去想民間團體的政黨色彩，通通找來合作。那時我被上司質疑：「雁琪，我跟妳說，我們現在是綠色執政，妳怎麼找A基金會來合作？」這件事情要合作之前，A基金會的執行秘書也曾問我：「妳眞的可以找我們合作？」我說：「爲什麼不行？妳們不就是在推〈家暴法〉嗎？妳們辦網絡會議很合適啊！」然後，她又問我一次：「眞的嗎？」，我很有信心地回她：「沒問題！」結果，後來我眞的被上司叫去唸了幾句。還好，當時的主管很不錯，她說：「妳這一次每個婦女團體的基金會都找來，下次不能只找一個。」

雁琪做婦女工作眞的如她所言是沒有政治敏感度嗎?表面上看來，或許她對於民間婦女團體的政黨色彩不了解，但我認爲她骨子裡就是一個將婦女權益置放在政黨利益之上的婦女意識工作者。雁琪說她眞的是累積了二年實務經驗，帶去美國尋找答案之後，才了解婚暴的本質問題，也因此，她能以公部門的角色全心全意著眼於婚姻暴力本質的倡議。

台北市24小時婦女保護中心

一九九六年十一月辦完婚暴警醒週之後，雁琪及北婦社工完全沒有喘息時間，北婦中心的婚暴求助來電突然爆漲，她們接電話接到手軟。

緊接著，十一月三十日發生了震撼台灣的「彭婉如遇害事件」，整個社會對於女性免於恐懼的權利未獲保障，從南到北發出了怒吼。台北市市長陳水扁宣布十天內要成立「24小時婦女保護中心」，雁琪首當其衝，立即從北婦中心被調到「24小時婦女保護中心」。

十天內如何成立一個中心？市政府的天兵天將官員，居然想到一個妙招：「決定女警隊與康乃馨專線合併，就可以24小時啦！白天康乃馨，晚上女警隊。這樣既不必多增人力，地點也可以設在女警隊裡。」雁琪認爲這樣是無法運作的，只是一個騙人的政策，她以爲眞的要做事情，必須增加人力，地點也絕不能設在女警隊。在美國她學習到：「權益是自己爭取來的」。她把這信念也拿來公部門實踐：

我在會議中就一直講、一直講，這樣便宜行事的作法是不行的，一定要增加專門的人力來做……會議中並未獲得認同。沒想到最後跟社會局局長陳菊報告時，她被說服了，願意增加十名人力。當時，我提出「免於恐懼是任何人（包括女人）的權益」，如果只是以女人幫助女人的狹隘觀點來看待這個問題，只會落入這是女人家的事、不關國家大事的迷思。

最後，十二月二十日，「24小時婦女保護中心」在信義分局一樓成立，由雁琪帶領十名社工接下這艱鉅的工作。當時24小時保護婦女的政策，幾乎讓每個台北市婦女都受惠。有一次，我和朋友在台北車站附近玩到深夜，獨自一人要回家時，信步走進忠孝西路與中山北路交接口的警察局（現在已被拆除），請值班警員幫我叫計程車，那時警員都非常溫暖，立即呼叫安全的計程車來，還親自送我上計程車——因爲那時台北市政府要求每個警察局都有24小時保護婦女的責任。

婦女團體推婚暴議題一波又一波

台北市政府成立了「24小時婦女保護中心」，婦女人身安全成爲台灣熱門議題。一九九七年，這議題稍微退燒，二月十四日，婦女救援基金會成立「瘀青康乃馨」首支全國婚暴專線，又爲台灣婚姻暴力議題掀起一波大熱潮。

“當時，我提出「免於恐懼是任何人（包括女人）的權益」，如果只是以女人幫助女人的狹隘觀點來看待這個問題，只會落入這是女人家的事、不關國家大事的迷思。”

訪談廖英智董事時他提到，婦援會做婚暴服務緣起於當時董事長沈美眞律師發現，婦援會接到很多婚暴婦女的電話；經過董事會決議，因爲當時沒有婦女團體在做婚暴服務，婦援會就新增婚暴組。他認爲婚暴服務是婦援會開始做的。對於爲何會突然有婚暴婦女求助電話的現象？董事會似乎沒有人知道原因，反而在訪談雁琪時，才揭開謎底。原來是一九九六年十一月北婦中心舉辦「婚暴警醒週」，阿扁那支「眞正的男人不打太太」的反婚暴廣告發揮效應，加上當時彭婉如女士遇害後引發「女人，不論在家或深夜在外都要擁有免於恐懼的自由」的集體發聲，促使許多承受家庭內親密暴力威脅的婦女勇敢地出來尋求援助；北婦中心只有四、五個社工，接不了那麼多的電話，所以很多人就會打電話到１０４查號臺去找資源，１０４再給她們婦援會電話。

我心中還有一個疑惑，爲何當時婦援會董事們會覺得都沒有婦女團體在做婚暴，而是婦援會最先開始做的？我把這疑惑問雁琪，她認爲：

> 那時候婚暴的議題是國內外事件一波搭一波的動能而陸續發展出來的。最早從九〇年代初期台灣就有婦運團體在關注婚姻暴力議題，一九九四年一月，美國法院公開審理「洛琳娜（Lorena）閹夫案」[①]，引發國際關心婚姻中受害女性的創傷議題，台灣幾個民間團體搭上此波外部動能，匯集了對鄧如雯案（一九九四年二月判刑）的聲援力

量；之後，一九九五年，有婦女新知、現代婦女修訂〈家暴法〉這一波；接著，各個民間婦女團體都在動，如現代推動〈家暴法〉、善牧做婚暴庇護；接下來，是一九九六年十一月北婦的「婚暴警醒週」；再來，就是一九九七年二月婦援會婚姻暴力全國專線開線那一波了，廣告打很大，又炒出一個熱度。

提到婦援會的婚暴專線，雁琪居然還記得一件我與佩玲都忘記的事情。她說那時候婦援會有做「名人夫妻反婚暴」的宣傳廣告，請名人的夫妻檔在聯合報寫反婚姻暴力的專欄，電視廣告也同步播出，做得滿大的，曝光率非常高。電視廣告還配合7－11捐款，做得很響亮。當時婦援會標榜服務「全國」的婚暴婦女；而且運用電視廣告、報紙新聞大力宣導婚暴議題。雁琪認爲那時候婦援會是做婚暴服務的婦女團體裡面，唯一倡議：「婚暴不是夫妻兩個人溝通的問題，婚暴的本質是社會文化結構、性別不平等的問題。」的行動團體。她說：

> 妳們的行動就是直接以某個案例或議題，向特定單位直接提出某個不合理的父權文化與觀念，完全不受限於當時各種婚暴網絡會議中的角色位階。換句話說，妳們不畏權威角色、也不求維持組織和諧，而是直接點出問題。

雁琪強調，談到婚姻暴力的議題，「現代」與「善牧」兩個基金會的角色都很重要。「現代」由潘維剛立委成立，原本主打性侵害的服務工作，後來，當潘維剛大力推動性侵害防治法時，恰好發生彭婉如遇害、女權火上街頭等事件，「現代」於是同時也開始推〈家暴法〉。〈性侵害防治法〉與〈家暴法〉幾乎是姊妹法，前後時間通過的（〈性侵害犯罪防治法〉一九九七年通過，〈家庭暴力防治法〉一九九八年通過）。而「善牧」的湯修女最早是做少女的安置，等孫麗珠從紐約回來之後成立康乃馨專線，婦女庇護的部分就委託「善牧」成立安心家園做庇護的服務。「善牧」會覺得是她們開始做婚暴的，而她們也的確是第一個做婚暴庇護中心的機構。在這不同機構多重的「首度」認知中，雁琪認爲，如果從「挑戰父權」這角度來看，的確可以說是婦援會眞正開始做「婚暴的倡議性服務工作」。

從體制內角度看婦援會

解答了婦援會做婚暴的歷史背景之後，我很想知道，那時候在公部門的雁琪如何看待民間團體的婦援會？她說：

婦援會成立時，經費完全自主，沒跟政府申請經費。那個年代，台灣正要進入政黨輪替，許多原來以監督政府爲主的民間團體，慢慢成爲政府的協力合作單位，亦即政府以外包方式將方案委託給民間團體做。那時代婦援會沒有加入這遊戲。從我在體制內的角度來看婦援會，她是活的，是當時唯一未參與政府合作方案、直接只爲婦女行動的婦女團體。婦援會與體制的關係沒有掛鉤，做婚暴非常清楚，就是在打父權。

如果妳要抗爭父權，其實就是抗爭仍以男性爲主體的在位階層與司法體系，這件事情，當時只有婦援會的婚暴倡議非常清楚。然而，很少會有人主動放棄既得利益，多數權利要抗爭才有。所以要打破既有的父權體系，往往會有衝擊與不愉快。

談到這裡，才明瞭當初我們三個人爲何會與雁琪那麼契合，根本就不認爲她是公部門的人，原來她這麼清楚我們的理念、行爲。我認爲雁琪的分析相當有道理，由於那時候的婦援會經費都來自募款，自主性強，又自詡是婦運團體，做直接服務也做倡議的工作。而且那時候婚暴組的主責董事廖英智與執行長何碧珍都相當支持與信任婚暴組，佩玲與我負責接案、L找出倡議的議題，三個人就這樣一直往前衝。我們三人往外打擊父權，的確與加害人、警政、醫療系統發生許多衝突，卻也促進一些正面的改變。對內我們向董事會力爭平權，卻引爆許多董事的反彈，這部分算是我們三人挫折最大，也是我們無法在組織內持續走下去的最大原因。

從一個火坑跳到另一個火海坑——到婦援會婚暴組當督導

訪談時，才知道我第一次見到雁琪的那場研討會，原來是她主辦的——她被調到

“如果妳要抗爭父權，其實就是抗爭仍以男性爲主體的在位階層與司法體系，這件事情，當時只有婦援會的婚暴倡議非常清楚。”

「24小時婦女保護中心」，爲新爭取到的十名社工舉辦一個密集訓練的研討會。她記得那時候（我與L剛進婦援會）是我主動打電話給她，詢問可不可以去參加這研討會？她馬上應允。

後來，我們離開婦援會半年之後，雁琪也離開「24小時婦女保護中心」，進入婦援會婚暴組工作。從公部門出走、轉進民間婦女團體，這對雁琪而言眞是好大的轉變。我問她爲何作出如此大的抉擇？雁琪聽到我的問話，沒有立即回答，反而拿起杯子喝了一口咖啡之後說：「妳寫媚兒來說要訪談我時，原本我以爲沒什麼好說的，沒料到，越談我越興奮ㄟ，是不是這好喝的咖啡的關係？」然後她開始回溯這件影響她工作生涯很深的歷程。

當婦女意識越來越清楚，雁琪對於公部門組織整併過程中社工服務個案的自主空間被壓縮，感到相當窒息。24小時婦保中心的婉如專線一開始只做性侵害及婚姻暴力，後來又把兒童保護專線併進來。雁琪馬上看出把婚暴與兒保專線合在一起，會發生矛盾的情況，因爲兒童保護以回歸家庭爲目標，而婚暴是強調親密關係的平等與女性自主，兩者目標不同，硬要合併，在實務上便產生大問題。例如婚暴婦女打電話來求助，述說過程中，說到管教小孩的部分，可能會談到虐待孩子的情形，此時就變成社工有通報兒虐的責任，政府要強制介入處理這婦女的家庭，造成原本這婦女是因爲婚暴來求助，卻又變成兒虐事件。因此婦女、兒童專線合併，即是將婦女納入政府控制的範圍。更糟糕的是，最後連老人保護專線也併進來。

此時雁琪的職位是督導兼組長，服務對象整併越多，她覺得自己的理念與機構型態的衝突越來越大；機構越整併，組織愈來愈大，社工的主控性越來越低。雁琪覺得這份工作讓她花太多時間在冗長卻無效能的科層決策上。剛好那時候，她的孩子正在上小學，她覺得應該多陪陪小孩，很想要完全離開政府機構的工作，不想當公務員了，可是行動上卻還是「無膽」，便請調到一個老人機構。沒料到，在她到老人機構就職之前，上蒼又送來了一個大轉機。她忽然接到一通電話，邀請她到婦援會婚暴組當督導。雁琪想著，如果到民間的婦援會工作就眞的是完全離開政府機構了，不用再當公務員了。這完全符合她的期待，便爽快地答應。她笑著回憶說：

> 我那時候的老公（現在是前夫）說：「乀，妳對於爭女權這件事，是玩眞的喔！」他明白我這幾年一直在掙扎性別平等這件事，我選擇到民間單位又是婦女團體工作，這表示我愈來愈往平常在講的婦女意識實踐走去了。

一九九八年夏末，到婦援會工作的時候，雁琪卻覺得失落：「妳們這一批實踐『瘀青康乃馨』（一九九七年二月二十一日，婦援會婚暴組一開始接案，兩個月就有七百個個案；之後，五月二十二日，開了一個記者會，發表研究員L針對這些個案的

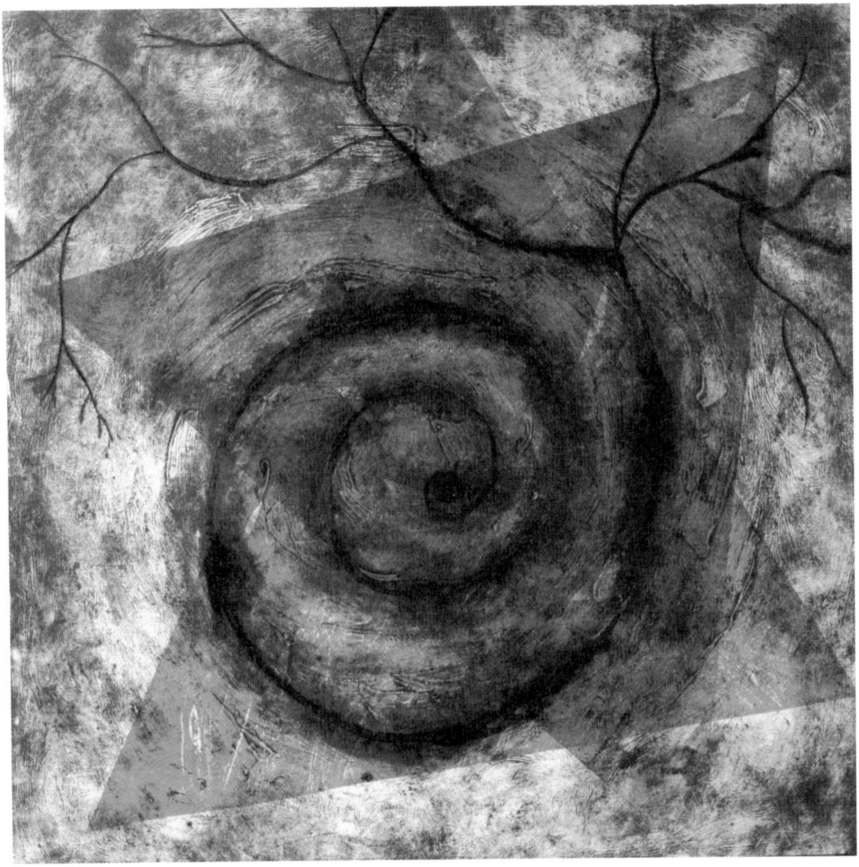

女娲 II（併用版畫）

研究報告——「瘀青康乃馨」）結構模式的人都走了。」我問她：「妳爲什麼不繼續我們那時候的模式啊？」她說她去了婦援會感覺整個辦公室很像空城，先前模式建構的靈魂人物都不在了，而她自己之前一直只有公部門的工作經驗，第一次進入民間團體，還在摸索會內的組織文化。

雁琪只好先專心帶著婚暴組兩名社工認眞接案，重拾心愛的直接服務。雖然她想要好好工作，只可惜，由於我們離職前與執行長發生對立狀態，導致後來組織運作失序，變成偏重人際關係而輕忽工作角色的組織情境。雁琪在婦援會待了一年，這種組織工作失序的狀態並沒有改善，讓她相當不適應。

除了組織運作失序之外，雁琪也很難施展倡議的功能，因爲她與企宣組長的理念和行事方式都差異頗大：

> 那時候，企宣組長一天到晚要我拔得頭籌，拿到〈家暴法〉開始的第一張保護令。我氣得要死，心想：現在是怎樣？民間婦女團體還要競賽喔！還要個案曝光。那時我也年輕氣盛，有一個與企宣組長個人關係滿好的記者打電話來詢問個案細節，我跟他說：「無可奉告！」
>
> 其實，那時企宣組長也很挫折，沒人帶領她，她又能力比較強，很有熱情、很想做，她也很失落。說實話，她的思維不是走婦運的，如果有人帶她，可能她能發揮得很

好。她很有能力的。此外，婦援會員工因對公務部門的刻板印象，不免把我當成僵硬的人。不是對我個人的誤會，這是公部門普遍現象。不過，也可能是我的很多堅持，讓人簡化爲我曾是公務員好像在推諉工作，造成其他同事的困擾。這一點也是很多年後，我自己才釐清的。

一直渴望到民間團體實踐婦女意識的雁琪，除了面對婦援會內部組織的合作難題之外，民間團體紛擾的狀態，超乎雁琪的想像，她只得選擇快快離去。

「聽起來，似乎妳在婦援會工作一年的經驗，呃，超乎想像？」我笑問雁琪。她承認有些經驗在當時的確令人挫折，但也因此學到許多寶貴的教訓。來婦援會之前，在公部門做婦女服務的時候，她專注於自己的工作，很單純地以爲政府機構之外都是民間，看到女權大遊行，所有婦女團體都很團結合作。雁琪笑著說：

無論在北婦或24小時婦女保護中心，我都專注於自己的工作。我以爲政府機構以外都是民間，就是說對新知、婦援、現代、善牧、勵馨等民間婦女機構，我沒有差別待遇，都可以與大家合作。新知重視這方面，我就與她合作這方面的事情；現代強調那方面，我也可以與她合作那方面的事情。可是當我到婦援會工作，才發現：「啊！大家都是敵人！」我的天啊，原來妳們這些婦女團體和我是兩個世界的人。

「婦女團體都是敵人？」原來，雁琪在婦援會工作的時代背景正是台灣婦運團體的「分裂點」。

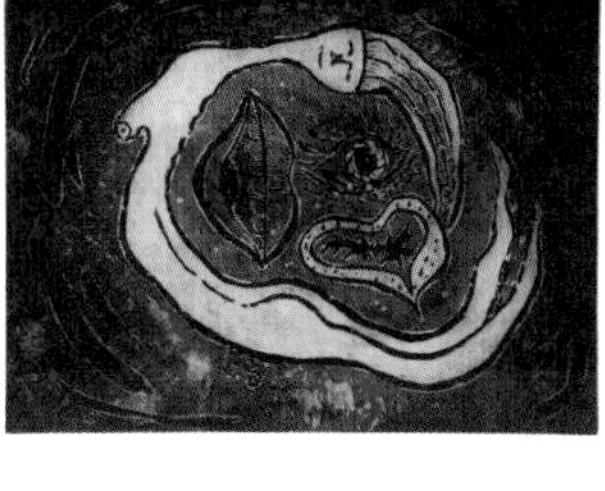

往內走（銅版畫）

台北市廢公娼事件

一九九七年七月三十日，臺北市議會在沒有任何配套措施下，決定廢除「臺北市娼妓管理辦法」，長久以來賴此為生的公娼婦女即將面臨失業，近百名公娼在九月一日，到市政府向陳水扁市長陳情，卻沒得到任何回應。九月三日，公娼們參與新知舉辦的座談會，當下即引爆婦女團體對於是否廢娼的兩極化態度，也開啓日後臺灣婦運涇渭分明的兩條路線——廢娼派與反廢娼派。

廢娼派的婦女團體以婦援會、勵馨基金會、終止童妓協會、女學會為主；反廢娼派則以女工團結生產線、粉領，以及性解放學者支援的公娼自救會為主。廢娼婦女團體反對的是女人服務男人的情慾的娼妓制度，再加上社會污名化從娼婦女，使得她們易走上自棄、服毒、被黑道控制的生活；而反廢娼婦女團體則主張性交易合法化對於從娼婦女比較有利，因為合法的公娼，有權力挑客人，要求客人遵守規定，有警察保護，並且定期接受健康檢查，反而比私娼有保障。

廢娼事件除了造成婦女團體分裂，也揭發長期以來社會大眾對於性工作者的歧視與污名化。性解放運動者引介歐美八〇年代後的妓權運動，適時出版《性工作：妓權觀點》一書，將被社會污名化的「娼妓」一詞改為「性工作者」，為公娼爭取工作權。

九月四日，「台北市公娼自救會」成立，自救會與支持她們的婦女團體努力抗爭，終於在十月二十九日，臺北市議通過「緩衝兩年」，但遭到市政府拖延，一直到了一九九九年新市長馬英九上任後，又幾經波折的爭取，公娼終於得以在一九九九年三月二十七日復業。兩年過後，台北市公娼制度正式被廢除。

對於去娼妓的社會污名化，以及廢除男女不平等的社維法「罰娼不罰嫖」，都受到廢娼與反廢娼兩派婦女團體的支持，到了二〇〇九年十一月，大法官也解釋「罰娼不罰嫖」條款侵害憲法「平等」原則，宣告違憲，並要求兩年內失效。

參考資料：

1.〈開花結果和待完成的革命：回顧台灣婦運二十年（1990-2010）〉，李元貞，發表於「臺灣教授協會：臺灣社運二十週年研討會」（2010.12.04）。

2.〈誓死捍衛生存權—臺北市廢除公娼事件（1997.09—1999.03）〉，文化部，國立台灣歷史博物館：台灣女人—婦女運動 http://women.nmth.gov.tw/zh-tw/Content/Content.aspx?para=390&page=0&Class=83

雁琪在婦援會的那一年，正是台灣婦運團體為了台北市廢公娼事件而撕裂的時刻。所以雁琪說：

那時，首先是為了廢公娼的事情，大家都吵翻了；其次是爭取資源，例如，第一張保護令，哪個機構提出的？誰要曝光？婦女團體之間哪有什麼合作啊！一切根本就互相機密、保密……我想，吼，這是我在政府機構工作的時候想不到的。

除了廢公娼事件之外，雁琪又遇到台灣婦運的另一個「高潮點」——〈家庭暴力防治法〉開始實施。所謂的「第一張保護令」，指的是〈家庭暴力防治法〉在立法通過之後一年，一九九九年六月，全面實行民事保護令制度，第一個婦女去法院申請的保護令。當時從事婚暴服務的婦女團體為了這張保護令的競爭情況讓雁琪傻眼了：「原來民間婦女團體如此分裂！」她發現，自己從缺乏自主性的公部門出走，來到可以完全實踐婦女意識的民間團體，其實是「從一個火坑跳到另一個火海坑」。

不過，雁琪認爲在婦援會這個「火海坑」的工作經驗，卻是她職場生涯一次很重要的學習。她有意外的另類新發現：

> 雖然政府機構化就會變僵硬、官僚化，沒有新作爲，讓人很難受，可是機構化是被保護的，因爲妳什麼事情都有一個框框；但是在婦援會這樣的民間單位，框框都沒有了，一切要自己重新建構。這一點經驗對我來說，可是所料未及的，完全沒有預期，就忽然間，那框框拿掉之後，又在那失序的情境裡面，我自己也沒有發展出一個因應的方式。這是我自己很重要的反思。經過婦援會這經驗，我發現，本來以爲政府機構有框框是一種限制，原來這限制有固定遊戲規則，反過來也可以是一種保護。

這個新發現對她很重要。後來台北縣政府成立「家暴中心」時邀請她參與，她一口就答應，因爲她很清楚自己更能夠在公部門發揮了。

「到底發生什麼事？」

聽到雁琪在婦援會工作的經驗居然是這麼水深火熱，眞是讓我驚訝萬分（那時候我已經去中國學版畫），佩玲則說曾聽方皓（當時是董事）說過這些情形。我趕緊問雁琪，如何去面對這次負面的經驗？

雁琪說離開婦援會時，她有很深的挫折感：「到底發生什麼事？民間婦女團體爲何是如此分裂？婦援會的組織又爲何會如此失序？」她很想弄清楚這些困惑。

首先，對於婦援會的組織部分，她找到一本關於非營利組織管理的書，書中談到民間小單位的機構，由於工作人數少，同事之間的關係，是工作角色關係還是人際關係很難分清楚。這種說法讓她解惑了。因爲她以前任職的公部門屬於大機構，工作人數多，分工層級清楚，工作角色與人際關係的分別很清楚，較少發生在婦援會經驗的工作失序的困擾。而且，進入婦援會工作之前，雁琪對它的過去一無所知，她跟它發生關係也就是婚暴這個主題。她覺得：「那時我對婦援會而言，是一張非常無知的白紙。」雁琪自省後，下了一個結論：「我覺得是我自己沒有準備好就來婦援會，這怪不了別人。」

另外，對於「婦女團體怎麼了？」，雁琪解惑的方式是直接去找台灣婦運的重要參與者——王如玄律師。雁琪說：

> 我感覺她似乎可以很自由地在民間遊走，她有律師的專業，頭腦又很清楚。從婦援會離職之後，我就去找她。我問她說：「可不可以請教一下，妳算是婦運人士，爲什麼我在政府部門的時候都認爲妳們是民間團體，立場一致，相互奧援，可是進入婦援會工作之後，感受到的又不一樣。妳可不可以解讀一下，民間團體到底是怎麼一回

女媧 I（併用版畫）

事？」

那時候她回應，她的確也覺得有一個很困難的地方，就是政黨這件事情，有很大的影響。有些事情，她是不管政黨的，她覺得誰可以做，或是覺得應該做，大家就來做。可是在那時候會面臨到說，妳覺得這個該做，可是現在妳該做的事情合作單位是敵黨，還是友黨？如果妳去做了，可能妳對妳的友黨而言，妳就變成是背叛。

王如玄的真誠分享與解析，讓雁琪了解到民間婦女團體也是會受到社會環境大結構的影響，尤其是政治的因素最複雜。對於婦女團體紛爭狀態的疑惑也得到澄清了。

北縣家暴中心十年

雖然帶著挫折感與疑惑離開婦援會，雁琪卻努力面對自己的挫敗、疑惑等心結，等到疑惑釐清，心情好些之後，她便過起「放空」的生活，沒有想要做什麼工作，也沒再去想婦女議題方面的事情。雁琪離開婦援會之後，婦援會有一段時日沒有執行長，黃淑玲董事曾打電話給她，問她願不願意回去當執行長？但是她婉拒了，她覺得好不容易才決心離職，並不想再回去。又過了一陣子，她忽然接到一通電話，說台北縣政府要成立「家暴中心」，問她要不要去做主任？這次她欣然赴職。雁琪說：

“妳進入政府的大組織，不是妳一個人的公司，妳不必募款，可是妳要面對議會。我也面臨父權壓制這個議題，其實難度是更高的。”

會答應去北縣的家暴中心，也是因爲面對另一個自我實踐的議題：以前妳在政府工作都罵說上面的人如何如何，現在人家要給妳做上面的人，妳若說不要，那妳要如何實踐？尤其，能有一位瞭解實務工作的專業主管對組織是很重要的，這不就是妳以前一直在意的嗎？我就這樣答應了。一做就做十年。

雁琪會再度回到公部門體系，我認爲除了她想實踐信念之外，應該與她去了民間團體走過一遭之後，體會到政府機構的限制框框其實有一種「保護」功能有關；在這安全範圍之內，她能安穩地實踐她的婦女意識信念。

雁琪在北縣家暴中心工作五年之後，覺得做得差不多了，卻又面臨一個問題，那就是：

妳進入政府的大組織，不是妳一個人的公司，妳不必募款，可是妳要面對議會。我也面臨父權壓制這個議題，其實難度是更高的。我們自己會先死，如果妳沒有部分妥協的話。那時候我開始懷疑，是不是自己的信念是錯的？工作已經久到覺得，以前去俄亥俄州學的，自己早年的實務經驗，放眼望去，居然政府機構沒有人肯定我們。家暴中心嚴重地被批評。我們的確是愈來愈孤立，被認爲剛愎自用。我覺得可能是自己才疏學淺吧！就又想說該離開去做別的事了。

當雁琪萌生離職的念頭，老天爺又爲她開啓了另一扇窗口。二○○五年，台灣大學張珏教授找她去美國紐約參加CSW[2]大會。結果，在CSW大會上，雁琪受到的最大的衝擊，就是發現：四千多位來自全世界各地、不同膚色的各國代表聚在一起，那一年大會主題剛好是性別暴力。而從大會的官方手冊或工作坊、到民間主辦的各種座談，都清楚傳遞出一個全球性的觀點：親密關係暴力是根植於性別平等的問題，我們的目標是要終止男性對女性的暴力。老天！這個想法都跟我一九九五年來美國參訪婚暴機構的學習來的理解一模一樣。所以回來台灣之後，我又有能量繼續了，我沒離職，反而又做了五年。

原來，CSW這一年的主題正好是一九九五年北京行動綱領[3]十年檢視，也就是要檢視各國這十年來在性別暴力這個議題上有什麼成果與困境。眞是太令我驚訝了！還好我有來，感謝張玨老師的邀請。回看台灣十年來，除了制度面通過〈家暴法〉是亞洲第一個有保護令的國家，卻仍然充斥許多積非成是的反挫觀念，例如，內政部帶頭倡導家庭暴力問題去性別化。現在是怎樣？台灣社會男女都還沒有平等就要去性別化，太扯了。

雁琪參與CSW大會之後，對於性別平等的信念更加堅定，回到台灣之後，不想離職了。一掃出國前低迷的心情，她變得不一樣了，她了解到政府單位的人不是不願意做，而是欠缺性別意識，所以她變成「翻譯人員」，遇見警察就解釋社工的想法讓他們理解，遇見教育局的人，就解說婦女是發生什麼事情了。

「妳要蹲點。在體制內，國家就是靠這些公務人員在執行政策，妳要養成這些人了解性別意識，妳就是要蹲點。」雁琪堅定地表示。

有了「蹲點」策略，她帶領家暴中心的人開始深入各地做宣導性別平等的教育，例如「紫絲帶電影節」，便是到台北縣鄉下去放有關家庭暴力的電影，以影像為媒介，一方面讓更多人理解家暴受害人的處境，一方面也與民眾對話，瞭解大家怎麼看這個問題？有些什麼經驗？再將田野的發現，回饋在隔年的電影節設計中。

說「NO！」的力量

由於北縣家暴中心資源不足、個案量又大，常常被批評做得不好，讓雁琪痛苦了很多年，從紐約回來之後，她發現「工作量大」的背後其實隱藏著一股被她視而不見的力量。因為她們的人口數（以及個案量）是全國最多的，因此許多方案或研究，只要北縣家暴中心不配合，就少掉六分之一的人口，方案就沒辦法完成了。這個意外發現，讓雁琪重新看到自己的力量：

我們非常苦，在這些個案上，沒有資源，很多事情我們覺得很悲慘；後來換方向看，這些不只苦命無力，反而我們是有「權力」的。我才發現，ㄟ，「說：NO！」是一個權力。

要說出「NO！」剛開始對於雁琪是困難的。在政府機構工作常會被上級要求應該怎樣做，但是有些要求，雁琪心裡很明白那是違背助人倫理或專業信念的事情，她必須說：「NO！」但她是一個性情本質很溫和，又喜歡結交朋友的人，要她說「NO！」實在是一件很痛苦、焦慮的事情，永遠都在天人交戰。她總是必須先思考，拒絕的後果是不是她能力可以處理的？她要有能力處理，說「不」才能展現她們組織的影響力，不然，說「不」就沒有任何意義了。

我很好奇，雁琪費這麼大的心力說「NO！」是不是因爲婦女議題的特別需求？她說：「對。因爲我們做的是性別、尊重、與權力濫用的議題，這些事情會更尖銳。所以它絕對是一個性別議題與利益平衡。」

要雁琪說「NO！」雖然如此痛苦，她卻必須堅持做下去，因爲有一堆良知在監督她。在北縣家暴中心的團隊，雁琪當主任，靠近上級決策面，而組長們帶領社工從事直接服務，個案的需求她們最了解。所以當雁琪有些決定是上級的需要，她的組長們就會反對，她沒有機會濫用「主任」的權力。此時，她就必須勇敢地對外說「NO！」

那權力行使，在某些議題要被簡化處理的時候，我會說：「NO！」我們不配合，就被罵黑了。所以我黑的原因是說了「NO！」變成一個討厭鬼，原因只有這樣。而我會很清楚說：「NO！」就只因爲那是不對的事情。

如此堅持婦女權益的需求而勇於說「NO！」雁琪半開玩笑說：「我被罵黑了！」但是她不在意自己變黑，因爲她清楚知道是在做對的事情。像建制受暴婦女個案資料庫，上級要求把婦女的輔導資料放到資料庫，雁琪說：「NO！」直到她離職之前，全國只有北縣家暴中心尚未全面配合。她很豪氣地說：「在北縣家暴中心工作，辭呈一直都放在口袋，但我覺得我們的存在是有價值的。」

無欲則剛，雁琪並不在意去留。然而現實上，又做了五年主任之後，雁琪的身心還是會累的，累到讓她想離職了：

我眞正離職的原因是眞的累了……自己的生命與生活品質也要顧，我不想等到身體發生什麼狀況，直接倒下去了，那就不划算了。當時，我們有很好的工作團隊，我也認眞扛起自己的責任。會願意扛起責任，很多時候是爲了不讓權力相對單薄的第一線社工成爲系統無能的代罪羔羊。但是最後，扛很多，很累，眞的是累到沒力了。

在北縣家暴中心實踐平權

佩玲很想知道雁琪在北縣家暴中心有沒有實踐平權的理念？雁琪坦承在北縣團隊

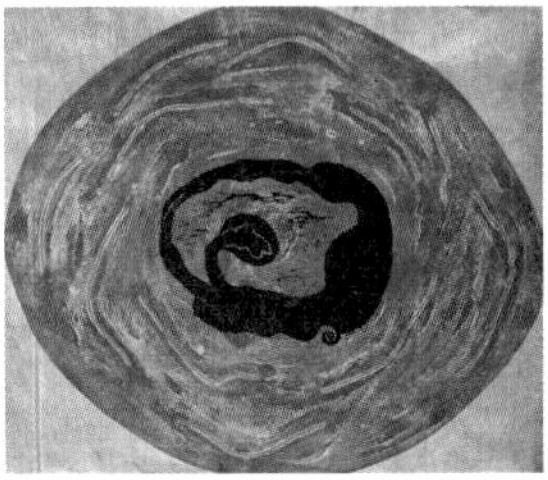

女媧 III（併用版畫）

是有階級，要在工作上實踐「平權」是很複雜的事。她認爲平權的實踐是「公開的決定過程」，亦即這個決定是要經得起考驗的，要被檢驗這決定是對個案好，還是對組織好？它是第一線同仁的需要，還是出於個案的需要？它需要經過一個公開的辯論歷程，它也會面臨組織效能的考驗，這些都得拿捏得恰到好處。不過，她當主任時，的確重要的決定都是經過辯論的，所以她會不斷不斷地被抗衡。她認爲要實踐平權就得這樣做，不然，她可能就會因爲主任這個位置的利益而濫用權力了。

不過，當組織變大時，要實踐平權就變得很不容易了。台北縣家暴中心成立時，社工才十幾位，等到雁琪要離開時，組織已經擴大到一百名同仁了。組織一變大，人數變多，個人需求又不同，要實踐平權，做重要決定時辯論過程中，雁琪面臨的內外部抵制就越多、越複雜。她常常必須判斷這些抵制是社工的需要、還是案主的需要？另外，她也必須反省自己的想法是自己的需要、還是組織的需要？她在主任的位置，會比較看到自己身爲主要決策者與組織的利益；社工比較靠近案主，所以她們能指出案主的需要，以及社工自己的需要。實踐平權中，又必須顧及組織效能的現實。而她說：「我們是做人的工作，如果一個組織不能示範對人起碼的尊重、落實不濫用權力的信念，如何相信她能協助受到暴力對待的家庭與被害人呢？」

眞的要在公部門裡實踐「平權」的工作關係，雁琪發展出「嚴格要求」的機制。

尤其，組織變大員工人數變多，無法保證每個人都能自我要求，因此「平權」與「嚴格要求」，這兩件事情必須同時存在。回憶當時的情景，雁琪說：

> 我對自己及督導們的要求都很嚴格，督導把我罵死了：「妳是給我多少錢？這樣要求我，妳是怎樣！」我認為要實踐平權的工作關係，要有嚴格要求為基礎。

要在政府機構實踐平權工作關係，必須面對機構內部的壓力與外在政府其他單位的批評。對內在家暴中心裡面，雁琪選擇傾聽反對者的聲音，雖然常因而面對很大的壓力，自己卻獲得許多成長。對外，她受到很多批評，在多數政府單位和我們的東方文化裡，大家認同的仍是威權式管理，組織管理怎能要求「平權」？北縣政府其他單位都批評她對家暴中心的管理太人性、欠缺監督；然後，她又常說「NO！」別人就覺得她是個難搞的主管。

雖然雁琪在北縣家暴中心實踐平權的那十年工作是內外不討好的經驗，但是她堅信地說：「我覺得那十年的團體經驗是好的，而且有經過這些歷練的人的價值感是有發芽的。」

「那時候，妳們三個人眞的很重要！」

瞭解了雁琪在台北縣（現在已經改爲新北市）家暴中心勇敢地實踐性別意識「十年」，眞是衷心佩服。在我眼中，她是眞正的「國家女性主義者」——進入政府部門的女性主義者，以女性主義思維制定及執行政策。我再度舉起咖啡杯敬她，她也拿起杯子笑著：「怎麼越說越激動，眞的是咖啡的問題喔！」

雁琪的工作經歷可說就是台灣婚暴、家暴防治發展史的縮影，這是我訪談她的主要目的之一。另外一個主要目的，當然就是想知道，當時我們在做婚暴時，她如何看待佩玲、L與我三個人？她一直把我們三個人視爲打擊父權的「瘀青康乃馨」婚暴服務模式的靈魂人物，雖然訪談一開始她說我們三個人很奇葩，但是我還是要再深入地問清楚一些。她很愼重地說：「妳們三個人很重要！」「爲什麼？」我與佩玲急著想知道。雁琪睜著她的大眼睛激動地說：

我那時候的感覺，在開相關會議時，只有婦援會的代表發言是活著的。其他各單位代表有的表示要回去請示，有的發言冗長沒有重點，有的顧及關係、說話繞來繞去，我常覺得會議很悶。但如果有婦援會婚暴社工參加的話，那會議就會是活的、有生命力的。因爲妳們不像一般單位那樣順從，妳們很自由發言，而且針對實務上遇到的矛盾困難，都很直搗黃龍，命中紅心地點出問題、要求得到回應。在我來看，現在做婚暴的民間團體，大多承接政府委託，當時婦援會那種直接倡導社會文化中父權意識所帶來結構性問題的聲音沒有了。我覺得那時候妳們三個人眞的很重要，妳們沒有繼續做下去，眞的很可惜。

聽到雁琪肯定那時候我們做婚暴眞的對台灣有貢獻，我的心也跟著激昂起來。訪談廖英智董事時，他說我與佩玲在婦援會從事婚暴工作那一年半，是一件很「了不起」的事情。聽到「了不起」這三個字，我是有些害羞，我們只是做自己想要做的事情而已。我認爲英智當時是我們婚暴組的主責董事，基於愛護我們，看我們很認眞工作，所以才會這樣講吧！沒料到雁琪也如此看待我們，眞是令我驚訝！說實話，那時候佩玲、L與我三個人，眞的就是在做一件我們覺得應該做的工作，期待能改革婚暴的一些舊觀念，爲婦女爭權、增能，沒有覺得有什麼特別貢獻。

接著，雁琪居然語出驚人：「現在回頭再看，我覺得婦援會『瘀青康乃馨』那樣的團隊沒有繼續，眞是太可惜了，也許危害了台灣家暴防治的發展。」「危害」？我們三個人的離職怎麼有這麼大的影響，我與佩玲異口同聲地問：「爲什麼？」雁琪睜大眼睛笑而不語，拿起咖啡杯啜了一口咖啡，輕輕放下咖啡杯，她語氣平和卻嚴肅地說：

不過，如果是十年前的話，我也不會看出妳們三個人的重要性。是現在回頭看，比較

我是這樣的人（黑白木刻版畫）

看得出來妳們三個人眞的很重要。

其實，做實務工作，也要做研究萃取議題，然後打開議題、改革社會，但是公部門的直接服務機構不可能做這種事，倡議還是得有民間的團體來做才有監督力量、改革舊思維。雁琪認爲，那時候我們三個人打擊父權的工作方向若是沒有嘎然停止，也許可能現在婚暴議題的局面會不一樣。她很感慨，〈家暴法〉通過之後，許多民間婦女團體承攬政府的直接服務工作，如此一來，民間婦團不僅沒有監督政府結構面改革的力量，更沒有從體制外對抗父權的倡議能量了。眼見政府有許多作法走偏，卻不見婦團發聲。例如，在修法過程裏面的通報制度，原先是爲了統計黑數及啓動犯罪預防而設計，然而，現在政府的做法卻將通報變成被害人的強制服務；還有，愈來愈將家庭暴力問題福利化的結果，導向一個錯誤的認知：無法終止暴力是相關單位對被害人輔導不力的結果；最後，對於危險案件，司法系統仍然無法有效監控加害人，被害人卻面對愈來愈多以保護之名而爲的監控，距離增加被害人所需要的權力感與增能的目標更遙遠了。

美國的〈家暴法〉以司法系統爲主體，各州都有制訂法律加以規範家庭暴力問題，不過大多數的州並沒有制訂單獨的〈家庭暴力防治法〉，相關的法令分散在民法、刑法、民事訴訟法、刑事訴訟法、證據法、社會安全法等法規中；多數州的警察

“當一線實務人員的看見不被尊重，他們的經驗累積無法有效轉化爲政策制度，那要被害人如何被增權、增能？爲什麼會這樣？因爲台灣仍然充斥著官大學問大的官場文化。”

可以對施暴者作無令狀的逮捕，除保護受害者外，也注重施暴者的治療方案。而台灣的〈家暴法〉還在模仿兒少保護的以社政通報爲主體，雖有單獨制定的〈家暴防治法〉，卻屬於社政法規、福利法規的性質。雁琪痛心地說：「方向完完全全都走偏了。」

此外，承接政府的家暴直接服務的民間婦女團體，不僅沒有力量去監督政府體制，還造成對需要被改變的有權力者妥協、對沒有權力的基層人員更嚴苛責難的顚倒現象：本來〈家暴法〉應該是著重在司法與檢察系統的改革，政府卻把它擺在內政部，人權與犯罪議題轉向成爲福利問題，意味著家庭需要輔導與溝通、被害人被打自己也有錯、暴力其實可以避免的。雁琪認爲：

〈家暴法〉實施十幾年下來，最靠近被害人的一線社工及員警，都很瞭解被害人需要什麼、也瞭解我們系統對許多加害人的束手無策。當一線實務人員的看見不被尊重，他們的經驗累積無法有效轉化爲政策制度，那要被害人如何被增權、增能？爲什麼會這樣？因爲台灣仍然充斥著官大學問大的官場文化。講到這，我眞的很激動，婚暴做成這樣。

再則，一些婦運前輩，目前已經位居監察委員、立委、檢察官，卻沒有發揮她們的權力在打擊父權上著力，更甚者還會濫用權力，壓榨第一線相對沒有權力的基層（社工、警察、甚至醫生）。這種將基層當成「結構問題」的代罪羔羊，甚至迴避對父權結構裡有權力者的監督責任，根本就是間接打擊婚姻暴力防治的反父權能量。

「我們心中還有這麼多熱情！」

整個訪談中，雁琪心情澎湃，她好驚訝自己在談話中不斷有新的想法與反思跑出來。受訪之前她本以爲，距離我們那個時代的婦援會婚暴組合作經驗都已經十幾年，印象都模糊了。沒料到，聊著聊著，她內心的火越談越熱。我想，最主要原因是她再一次回到最初，從訪談中重現了歷史脈絡，當時的某些「未來式」，已經成爲她後來的實戰經驗，而現在，離開了政府的第一線婚暴現場，她又將帶著這些累積在她身上的性別平權與彼此善待意識，繼續她的新工作。雖然談的都是十幾年前的事情，不只雁琪很激切，佩玲與我也聽得相當激動與感動。

訪談結束，離開咖啡館時，我們三個女人都 high 到不行，邊走邊喊著：「哇！我們心中還有這麼多熱情ㄟ！」我心中想著：「女人萬歲！」

①美國維吉尼亞州的一個小鎮有一位女性洛琳娜（Lorena），長期受到丈夫的虐待，在一九九三年六月的一個晚上，丈夫出外與朋友喝酒之後回到家中，不顧洛琳娜的反抗，丈夫又強暴了她。隔天凌晨時分，洛琳娜忍無可忍，趁著丈夫熟睡之際，到廚房，拿了一把家用切肉的刀子，進入臥室，將丈夫的生殖器割下。一九九四年一月，法院公開審理此案件，引起國際關注婚姻暴力議題。

②CSW是婦女地位委員會（Commission on the Status of Women，網址：http://www.un.org/womenwatch/daw/csw）的簡稱，於一九四六年六月成立，隸屬於聯合國經濟暨社會理事會（Economic and Social Council，簡稱ECOSOC），是聯合國推動婦女議題的專責機構，也可以說是目前世界上層級最高的婦女人權委員會。CSW的主要任務是「提升婦女在政治、經濟、公民、社會與教育等方面的權利，向經濟暨社會理事會提交報告和建議」，並且針對「需要立即關注的緊急婦女權益問題」提出建言，從一九八七年起，每年都會在紐約召開大會。

③一九九五年聯合國第四屆世界婦女大會在北京舉行，通過《北京宣言及行動綱領》（The Beijing Declaration and Platform for Action），正式採用「性別主流化」（gender mainstreaming）作為克服性別不平等障礙的行動策略，而能達到性別平等的全球性策略。

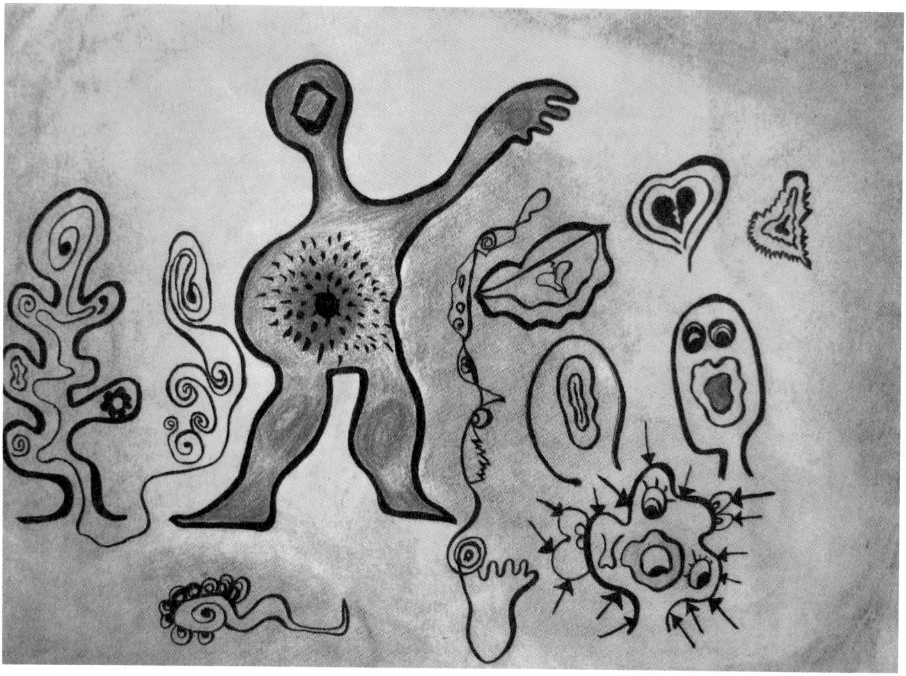

台灣婚姻暴力防治大事紀

整理人：吳佩玲．纓花

參考資料：內政部家庭暴力及性侵害防治委員會網站
台灣家庭暴力防治大事紀

1951

台灣報紙出現首例婦女遭受婚姻暴力的新聞（陳姓婦女結婚兩年期間常常遭先生毆打，產下一子後不得溫飽，離家欲自殺，經人發現獲救，由台灣省婦女會介入協調）。

1987

輔仁大學社工系副教授劉可屏撰寫〈虐妻問題〉，爲第一篇探討婚暴的專文，引起學術界的注意。

天主教善牧修女會應天主教台北教區賈主教之邀，來台接管台灣第一個民間不幸少女庇護中心「德蓮之家」，也收容遭遇家暴或亂倫的受害少女。

台北市政府成立「康乃馨專線」，號稱婦女百科全書。

1988

現代婦女基金會成立「婦女護衛中心」，服務全國受暴婦女（性侵、騷擾、家暴）。

臺北市政府成立「北區婦女福利服務中心」（簡稱北婦中心），辦理一般婦女相關的各類型講座或協談、影片放映等活動。

1989

台北市政府「康乃馨專線」擴大服務，由北婦中心接手，提供受虐婦女電話諮詢，成爲台灣第一個婦女求助專線（一九九〇年加強專線功能成爲婚姻暴力求助專線）。

高雄市政府社會局婦女福利工作組成立「婦女服務專線」，提供婦女電話諮商與法律服務。

王清峰律師專文〈侵害婦女罪犯案之防治〉，報告中討論家暴的國內外現況與防治建議。

1992

臺北市政府以公設民營方式設置婦幼緊急庇護中心，委託天主教善牧社會福利基金會設立全台灣第一所婦幼緊急庇護中心：「安心家園」。

1993

北婦中心從一般性婦女服務轉型爲「婚姻暴力危機處理中心」，提供婚暴婦女服務。

「鄧如雯殺夫案」引發社會強烈地對婚姻暴力的關注與討論。

1994

內政部委託婦女新知基金會進行〈婚姻暴力防治研究計畫〉，研究建議制定〈婚姻家庭暴力防治法〉，內容應該包含民事保護令、子女監護權、逮捕法規、證據法規、調解法規以及損害賠償法、社會服務法規等。

婦女團體舉行「女人連線反性騷擾」大遊行，純粹以女性問題爲訴求，把以往被視爲個人的、隱私的性騷擾、性侵犯等問題推入公共政治論述，要求政府正視婦女的人身安全，把它當成社會問題來看待。

1995

高鳳仙法官參照美國、澳洲、紐西蘭等國家庭暴力法規與文獻，完成〈家庭暴力防治法〉草案。現代婦女基金會開始正式推動〈家庭暴力防治法〉立法。

1996

臺北市政府社會局辦理「婚姻暴力警醒週」，倡導「婚姻暴力是犯罪行爲，不是家務事」的觀念。

「彭婉如事件」發生。婦運先驅彭婉如在高雄失蹤遇害，此事件震驚全國，婦女人身安全獲得極大討論和關注。

臺北市政府成立「婦女保護中心」，設置「婉如專線」提供24小時熱線服務，爲婦女安全議題投入防治工作與網絡運作，開創臺灣24

小時服務的工作模式。

三十多個婦女團體組成「全國婦女連線」，發起「女權火、照夜路」大遊行，提出「要權力不要暴力」、「要尊嚴不要可憐」、「要安全不要父權」，要求政府要正視台灣婦女人身安全的問題。

行政院召開「全國治安會議」將婦幼安全列為治安重點，提出成立「國家性暴力防治中心」，將研擬〈家庭暴力防治法〉列為應優先推動之工作項目；行政院教育改革委員會發布教改總諮議報告書，明定「落實兩性平等教育」為重要政策。

立法院通過〈性侵害犯罪防治法〉，為防制性侵害犯罪及保護被害人權益；法條中要求各級中小學落實一年四小時的相關防治教育課程（一九九七年公布施行）。

1997

婦女救援基金會成立首支全國婚姻暴力求助專線。

臺北市政府整合各專線服務為「24小時保護專線」，該中心為「臺北市家庭暴力及性侵害防治中心」前身。

1998

立法院通過〈家庭暴力防治法〉，台灣成爲亞洲地區第一個爲家庭暴力立法的國家。（一九九八年六月二十四日公布施行，一九九九年六月二十四日實行民事保護令制度）。

臺北市政府推動設立八所婦女服務中心的構想，以「公設民營」方式，委託民間團體爲遭受婚暴及單親等婦女提供服務。

台灣省政府成立「婦女協談組」服務全省受暴婦女。

（台灣省政府在一九九五年成立台灣省兒童少年保護熱線中心，委託世界展望會接線；一九九七年將此中心改變爲「台灣省兒童少年暨婦女保護熱線中心」。二〇〇一年內政部委託世界展望會將原有各縣市之保護專線，整合成爲「113全國婦幼保護專線」提供24小時通報及諮詢服務。）

1999

內政部成立跨部會協調之「家庭暴力暨性侵害防治委員會」，主要負責〈家庭暴力防治法〉規與相關政策之研擬、協調，督導有關機關家庭暴力防治事項之執行，並推動家庭暴力防治教育。

各縣市政府成立「家庭暴力暨性侵害防治中心」，結合社政、警

2001

政、醫療、教育、戶政、就業輔導等單位，提供家暴受害人服務與加害人輔導。

內政部警政署通令各縣市各分局妥派一名「家庭暴力防治官」（二○○七年要求各縣市各分駐派出所設置一～二名社區「家庭暴力防治官」）。

行政院衛生署制訂〈家庭暴力加害人處遇計畫規範〉，提供加害人認識法律相關規定及學習不使用暴力的處遇。

婦女團體成立「〈家暴法〉修法聯盟」，針對經費、人力、法條缺失及民事保護令執行等問題，提出修法訴求；二○○三年完成〈家暴法〉修正草案民間版，由周清玉等一六四位立法委員連署提送立法院。

臺北地院家事法庭與中華民國社區諮商學會合作，透過機構訓練的家庭心理諮詢人員，結合法院之調解制度，提供訴訟中的民眾「家事商談」之家庭心理諮詢服務。

2002

臺北市政府委託現代婦女基金會進駐臺北市士林地院試辦「家庭暴力事件聯合服務處」，提供被害人進入法院訴訟時心理支持、法律諮詢與社會福利資源之就近式服務。

2003

〈兒童少年福利法〉公布施行，將目睹家庭暴力之兒童及少年正式納入兒童保護範圍（第四十三條）。二〇一一年修正名稱爲〈兒童少年福利與權益保障法〉。

內政部成立「外籍配偶保護諮詢專線」，以英、越、印、泰、柬等五國語言服務提供家暴、性侵及兒少保護相關資訊（二〇〇五年轉型爲「愛護外籍配偶專線」提供全面性生活適應輔導資訊；113保護專線以五國通譯服務外籍人士）。

2004

內政部委託中華分析溝通協會開辦「男性關懷專線」，鼓勵男性勇於求助，提供男性在夫妻關係、親子教養、情緒抒發與支持、法律諮詢、諮商轉介等服務。

內政部協同相關部會落實責任通報強化社區建立家暴防範機制，加強各縣市政府訂定教育、警政、衛生醫療、社政等法定責任通報人員行政獎懲措施，及加強對未盡責任通報案件之調查處理。

2007

〈家庭暴力防治法〉修法通過，本次修法包括：擴大保護令的聲請對象為同居關係或同性戀關係者、保護令聲請免徵裁判費、犯家庭暴力罪或違反保護令罪嫌疑重大者，警察可以逕行拘提等方面的重大突破。

2008-2010

內政部推動「家暴相對人預防性輔導方案」（家庭暴力案件聲請之後，被害人所指稱的有實施暴力行為的一方，即是家庭暴力相對人）。

2013

行政院會通過〈家庭暴力防治法〉部分條文修正案，新增特定家庭成員及目睹家暴兒少的保護，將他們納入核發保護令範圍，也在加害人處遇計畫中增列親職教育輔導。

因應中央政府組織改造，原內政部「家庭暴力暨性侵害防治委員會」將隸屬行政院衛生服務部—保護服務司—五科（性騷、家暴、性侵、社工、兒少性交易）之業務，相對人處遇服務則隸屬心理與口腔健康司業務範圍。

【後記】

還有碧珍…

纓花

這本書的初始計畫是要邀請當時全部的婦援會七位工作同仁，與廖英智主責董事、賴淑玲律師、雁琪，共十位一起現身，發表各人對參與台灣第一波婚暴服務的個人回憶。實際聯絡下來，原慰安婦組的社工跟隨先生去中國工作，另有三位拒絕受訪，所以最後只記下六個人的回憶。

三位拒絕的同仁裡，行政人員G說：「談那段婦援會的日子對我而言會引起很多傷心、難受的心情」；研究員L直率地說不要；執行長何碧珍說：「不記得那時候的事情了，只記得被妳們誤解與攻擊很受傷。」

在我心目中，G是一個會發光發亮的女人，L敏銳聰明，碧珍則溫暖親切。單純的我以爲那時候是大家說好自由選擇離職的，心結都理清楚了，也都像我一樣滿懷感激離開的……，知道她們受傷的心情令我很自責與感慨。我與佩玲討論，她提議先不要訪談她們，而是做「療癒聚會」。

邀約G聚會那天，她談起十七年前的往事，一說到那時行政組主責董事指責她的話，立即傷心流淚，我才體會到她曾經傷得多麼重。事後，我寫信向她道歉，那時候的我居然忙到沒有敏覺到她的狀態，而無法支援她爭取平權。G回我的信：「當年的結局是有遺憾，可是，是生命中很關鍵的旅程……當年我們年輕，有的是熱情與理想，今日有熟成、圓融的手段，但熱度必然不同於當時。」離職之後G全心投入家庭，年過四旬的她依舊發光發亮，卻又增添了一份生活歷練的光芒。感謝佩玲提議的「療癒聚會」，讓我們有機緣撫平過往的傷痛。

每篇文章裡都會提到的L，我們非常期待她能夠加入，但連續邀約兩次都遭到拒絕。L是我們這段生命經歷的靈魂人物，沒辦法知道她的想法，真是可惜。邀她聚會也婉拒，好遺憾，心情也有點沮喪，寫mail告訴雁琪，她回信勸慰：「雖然可惜，也得尊重她的選擇。每個人真的很不一樣……」

對於碧珍的受傷我耿耿於懷。我很喜歡碧珍，離職後一年多第一次同仁聚會她也有出席。她離開婦援會之後在民進黨婦女部擔任主任時，有次偶遇一起搭計程車，她問起大家都好嗎？我說了L離職後心很受傷的狀況。她回說：「在機構裡如何吵、如何衝突都沒關係，但是離開時不要帶著傷痛。」當下我覺得她講得好有道理，也以為她沒有帶著傷痛離開婦援會。

邀碧珍受訪時才知道與我想像的不一樣。我寫mail給她：「何姊，感謝妳願意讓我知道妳的感受。雖然聽完內心很自責，但是也很珍惜這一次知道妳真實的感受。不要爲我的訪談了，請妳給我一次親身向妳致歉的機會。讓我請妳吃個飯，或喝個下午茶。」她回信給我：「我自己在當時，確實也有不足和無法承擔的部分，也因爲對大家有感情，所以當下才會更在乎。不過，這些陳年往事，很多細節都不復記憶了，若有不愉快或傷害，也早就消融了，我沒有自憐，請妳也不要自責。」

碧珍接受我的邀約，我特地又約了來鳳、佩玲一起到我家附近山上的茶莊聚會。這次聚會前面都在吃吃喝喝，最後去走桂花道才暢談了從前在婦援會工作的事情。事後我寄當日的合照給碧珍，她回我信：「不經一事不長一智，現在回頭看，還是覺得當時的自己確實也沒有能力做得更好了，只是苦了大家，希望大家也能從這樣的過往檢視裡，找到一些可以圓滿自己未來的生命滋養。」

書寫這本書時，爲了眞實呈現當年的事件，難免提及一些負面的事件與感受，佩玲、我、主編淑美對此都有一個共識：「不要傷害」。當本書所有文章都完成編輯，我與來鳳的文章提及碧珍的部分滿多，我傳給碧珍看，如有任何她覺得不妥的文字我都願意修改。碧珍回信說若是個人感受的回憶錄，寫什麼內容她都尊重，只是看完來鳳的文章勾引她回想起許多往事，如果從組織角度出發，她希望也能有她的發聲。

當然這本書的初衷眞的就純粹是各人感受的回憶錄，但是若能有碧珍的想法，會讓這本書更爲圓滿。我將此事與佩玲、淑美商量，她們也很同意，由於文稿都已美編、排版完畢，碧珍的部分只得留在後記中呈現。我約了碧珍訪談，公、私事暢談了快四個小時，釐清了許多衝突的盲點。我們倆都覺得，如果事件當時也有這樣深入的談話，或許就會有比較良性的結果了。

碧珍畢業於淡江大學法文系，她對「民主」充滿激情，在大學時代就參加黨外活動，並加入學校的新聞社。大學畢業，工作一段時間存了一筆錢，與兩位朋友一起辦《大地》雜誌，關心社會、環保、勞工等議題。後來負債，只好放棄，到《新新聞》工作，並繼續參與黨外活動。她對政治沒有企圖心，只是相當關心台灣的民主發展，因此，當民進黨創立時，她也成為民進黨的創黨黨員。當昔日一起奮鬥的黨外同志一個個站上政治舞台，她與從大學時代就一起參與黨外活動的先生，一起開公司到中國尋找商業契機開創自己的人生。

後來婚姻觸礁，心情受到很大影響，她便離開與先生合開的公司，去上了文化大學一些諮商課程，邊進修邊整理自己。一年後，一位婦援會董事來找她去當執行長，那時候婦援會執行長職務懸空一段時間都找不到人來當。碧珍覺得自己心情沉澱得差不多了，可以重新出發了，便接受這份工作。

外表溫和親切的碧珍在進婦援會之前，就有這麼多的故事了。我問她那時為何都沒跟我們提這些事情？她說沒必要去提那些事情，況且，當時無論工作人員或董事長都沒人來問過她以前的經歷。她只簡單告訴我們說以前與先生合開過公司。所以來鳳的文章才誤以爲碧珍是「來自商業界」，我一直也是這樣認爲的。

九〇年代末婦援會正落在一個大轉折處。在會務上，社會上的不幸少女漸漸少了，創會時的「雛妓救援」服務已快停擺；慰安婦組的服務，一直受日本亞洲基金會的金錢攻勢所逼迫而沒有進展。在財務上，帳面已經赤字了。碧珍就是在這麼低迷的情況下進去擔任執行長，當時董事長放權給她，卻沒有「前執行長」可詢問會務的迷津；面對一群專業社工對於她這非社服背景的空降執行長的不信任，她全部吞下肚去，低頭苦幹，忙著了解會務與籌措經費。幾個月後，董事會決定做婚姻暴力服務，新立婚暴組，但會內社工沒有人願意轉組做婚暴，且陸續有人辭職，碧珍只好重新應徵社工。

我問她爲何敢錄取我與佩玲兩個非社工專業背景的人當婚暴組社工？她說：「多年參與黨外活動觀察到，一個人做事情能否做得好，專業背景不是最重要的條件，熱情才是重要因素。妳們有熱情。」那時候她看見我與佩玲對於婚暴服務充滿熱血，而且我們兩人都有諮商工作的經驗，也不能說是完全沒相關。

對於幾乎每篇文章都會提到她與工作同仁的衝突，我很想了解她的看法。她認爲我們文章提到的「女性情誼」的成長，一開始她也有這種感覺，因爲她曾參與過晚晴協會的女性成長團體，結交到一群情誼至今的好姊妹，令她非常認同「姊妹情誼」。L、佩玲與我都是她自己應徵進來的，她欣賞L的敏銳思維，肯定我與佩玲的熱情，也看見來鳳的企宣才能與行政人員G的認眞，甚至經常給她臉色看的慰安婦組的社工工作量大，她也很心疼，盡量給予協助。所以她對於我們，一開始，在工作上眞的是完全放權，在情感上是坦誠相對，眞心想和大家一起成長。

她也支持我們在工作上實踐平權的理念，尤其對於董事會，她與我們一起努力爭取。但是她發現當時多數董事注重的是「社會正義」，她勸工作人員腳步放緩慢一點，等我們努力做久一點，得到董事們的認可，那時候再來向董事會爭取平權才會有效。不過，那時候我們衝太快，聽不見她的話，說實話，她覺得有點無力。加上她發現，每每L來找她討論事情：「我說好應該如何做之後，她卻私下去鬆動大家來抗爭我，要我改變主意。我覺得L沒有惡意，只是很堅持要達成她自己的想法。我覺得妳們這樣很傷人，可是妳們卻不知道。當妳們六個人站在我的對立邊時，我眞的好傷心，覺得被妳們背叛了。」

爲何說「背叛」？我問碧珍。她說，因爲一開始她是開放自己與我們站在一起的，我們卻慢慢地變成全體與她抗爭，她當然覺得我們背叛了她。她決定要和我們拉開距離，回到執行長的位子。碧珍認爲執行長的職責與各組同仁的職務是不同的，既然角色不同，職責考量的視野也就不一樣。「執行長的位子很孤獨，這是宿命。」她說。若彼此可以在自己的職位努力工作，她願意承擔這份命定的孤寂。

當時，懸宕不決的分居婚姻很困擾她，處於情感與工作內外煎熬之中，她決定先解決婚姻的問題，收拾好心情再來重整辦公室的挑戰。然而當她辦好離婚手續，卻發現辦公室的挑戰來不及重整了，大勢已去，全體同仁提出辭職。那時候她眞的好傷心，「全體離職」是一種決裂的行為，她覺得這更傷害人了，也更不知道該如何去修補關係了。

碧珍回憶：「第一次大家總辭時，當時業務停擺、內部情緒高張，實質回應上董事會又已介入，我當時能選擇的，僅有回歸執行長角色，盡力穩住外部，也算是守住自己、忠於職責的單純做法，無關個人好惡，也不牽涉同不同意組織改造的問題。」

「本來是打算風波一停就辭職療傷去的，只是妳們第二波總辭——雖然妳說不是總辭，但形式結果還是總辭——讓我反而脫不了身，責任使然又留下了。」

我總以爲當時最後是個人決定離不離職，不再是全體離職，所以應該也算是圓滿落幕。沒料到這樣的離職，依然對碧珍產生很大的傷害。她說：「妳們離開之後，我是用忍辱負重的心情，在婦援會又拖了一陣子地賣命工作。」

我問碧珍，這件事情除了傷痛之外，讓她有什麼成長嗎？她說：「事件發生時，即使覺得自己被誤解或被攻擊，我無力、也不想去做任何辯解，只是一味躲著，讓事情拖著。妳們離職之後，我又繼續做了一年半，我與新的工作同仁保持距離，也很放權，自己就努力工作，但是當我一發覺新董事長對我不信任時，我很快做了決斷，不再讓問題拖著，讓自己和相關人等受傷。我立即辭職，離開婦援會。」

透過這次訪談，才明白碧珍當時眞的爲婦援會做了好多事情。細數她在婦援會工作三年半做的重要事情：

- 不負使命，開啓婦援會家暴的服務業務
- 成功舉辦義助慰安婦活動，幫阿嬤籌到每人五十萬元
- 抵擋住日本亞洲基金會發錢的誘惑，沒有讓阿嬤們淪陷去拿錢
- 爭取到政府同意，讓阿嬤每人每個月都可以有一萬五千元的補助
- 拍攝第一支阿嬤紀錄片，還得了金馬獎最佳紀錄片榮譽，並進行海外宣導
- 聯合中日警力，營救了一位被拐騙到日本的婦女
- 籌拍婚暴公益廣告，辦理 DeBeers 鑽石募款餐會
- 協助王清峰律師完成妨害性自主罪的遊說立法
- 讓婦援會轉虧爲盈，不但增加人手換了大辦公室，離職時組織經費還增加了上千萬元
- 開啓家暴目睹兒服務的視野及服務

剛進婦援會時，辦公室在金山南路的巷弄裡一棟老舊公寓的二樓，空間雖小但溫

暖無比，只是樓梯間曲折黑暗很不安全。碧珍說，她是聽說我被案夫跟蹤，才下定決心要換一間有守衛，安全明亮的辦公室。的確她完成了這艱鉅的任務，我們後來眞的搬到捷運大安站附近安全又寬敞的辦公室，而且依照各組同仁的需求規劃辦公區域，我們婚暴組也有一間完全按照我與佩玲的意見佈置的有能量的晤談室。這麼棒的辦公室，完全因爲有碧珍的努力付出才能夠達成。

回首來時路，碧珍覺得在婦援會工作是一段珍貴的人生歷程，當時年輕的她眞的是不爲名不爲利地付出。訪談完畢之後，記錄婚暴服務的歷程的這本書，已完成初衷使命，我們還額外獲得了對事件新的了解與領悟。碧珍說：「希望大家能從這樣的過往檢視裡，找到一些可以圓滿自己未來的生命滋養。」

回顧這近一年來的書寫，體力上吃力一些，在三月份訪談、療癒聚會時，我的血紅素是五點多（女性正常指數是十二），情緒也起起伏伏，但是心靈的收穫卻是滿滿的，尤其是能夠對於十七年前的事情有一個對談與重新省思的機會，多麼難得，如同主編淑美說的：「這是一本充滿正面能量的癒療之書，透過它的形成過程，我們交互著，把斷裂的世界謹慎而溫柔地修補回來，心火重燃。」

這本書能夠完成要感激很多人的成全。感謝英智催生出這本書；感謝所有參與書寫的朋友願意開放妳們的生命經歷；感謝不願受訪卻願意對談的朋友，給我彌補的機會，如佩玲所言：「我們幸運地得有這樣的機會給予大家祝福！」感謝亦師亦友像姊姊般照顧我的婦援會董事長淑玲，以及像朋友又像我姪女的小奈，她們兩人在百忙之中情意相挺幫忙寫序。更要用力地感謝三位幕後大功臣，審稿人佩玲，主編淑美，美編慧芳，這本書能夠圓滿、品質良好地呈現都因爲有著她們的努力付出，其貢獻不亞於撰文的我。

最後，感謝大宇宙，讓我繼續活著做喜愛的事情——寫作、畫畫。

照片提供 何碧珍

何碧珍　台灣婦女團體全國聯合會祕書長（二〇〇五年迄今）

成長於后里，開竅在台北，遊走五十載，淡定看未來。

一九七九年 淡江大學法文系畢業
一九八一年 與朋友創辦《大地》生活雜誌
一九八七年 擔任《新新聞》週刊行政主任
一九八八年 擔任《前進》周刊總經理
一九九六年 擔任婦女救援基金會執行長
二〇〇〇年 擔任民進黨婦女發展部主任

理念實踐

◎參與黨外民主、老兵返鄉、雛妓救援……等社會運動
◎參與民主進步黨創黨
◎協助及監督政府落實各項婦女法案及社會福利
◎協助及推動婦女及性別平權機制
◎行政院CRDAW及性別主流化人才資料庫推薦講師

【編後語】

圍著火光說故事

曾淑美

星空下寒冷的海灘上，說故事的人升起火燃燒漂流木，大夥向著火堆圍成一圈，微微跳腳抖去寒氣，邊烤手邊描述見聞。由於站立角度不同，每個人看到的火的形狀都不太一樣，但是沒有關係，大家都暖烘烘地分享到了那燃燒的熱與光，而且故事正治療著每個人的心……呃，以上是我在編輯本書的時候，腦海一再一再浮現的畫面。

能夠和喜歡的朋友一起工作，再幸福不過了。英智、纓花、佩玲、英慧、慧芳、旻君，諸位老朋友和新朋友們，謝謝你們在造書過程中的全力付出與美好討論，我好愛你們，而且愛慕的理由每個人微妙地有所不同。所以，你們看，光工作就有這麼多不同款的愛，我們真的很幸福。

村上春樹某本小說中的某主角有句肺腑之言：「我只願意和我的妻子同床共寢」，置放在性開放年代中聽起來，簡直令人發笑，不知該算過度純潔還是過度不純潔。人到中年的我，如今也想說：「我只願意和我的朋友一起工作」，置放在資本主義全球化、效率剝削既粗暴又精密的環境下，不知該算過度專業還是過度不專業。

在編輯技術上，我忍不住自豪地承認，阮眞是個好厲害的文字裁縫師啊！這本書激發了前所未見的手工潛能，我經常一早醒來釘在電腦前面，手按鍵盤，一字一句思索著文字質感，彷彿裁縫師摸索著布料材質。在確定結構然後動手裁剪、縫接的過程中，我必須克制自己不可過度修辭，要充分保留被採訪者的個性和語氣，更要尊重撰文者的特殊風格——關於風格，服裝設計大師Giorgio Armani主張「不著痕跡的優雅」，阮在編輯上也很追求「不著痕跡的文筆」呢。

主編　曾淑美

攝影 陳慧芬

出生於中華民國台灣省南投縣草屯鎮。詩人，資深創意人，報導文學工作者。

曾任《人間》雜誌文字採訪，跨國廣告公司執行創意總監，創意作品獲獎無數。

二〇一〇年擔任文學大師楊牧紀錄片《朝向一首詩的完成》企劃編劇。

二〇一二年為婦女救援基金會編寫《救援的確信》，《堅強的理由》。

二〇一三年主編《波瀾與細流》。

Caring 078

波瀾與細流：台灣婚暴服務初啓時

Pushing Down the Barricade:
Stories of Domestic Violence Social Workers and Volunteer Lawyers Who Change a Society

策劃－廖英智　撰文－纓花
口述－吳佩玲、廖英智、賴淑玲、來鳳、丁雁琪、何碧珍
主編－曾淑美　美編－伍慧芳　責任編輯－徐嘉俊

出版者—心靈工坊文化事業股份有限公司
發行人—王浩威　總編輯—王桂花
通訊地址—10684台北市大安區信義路四段53巷8號2樓
郵政劃撥—19546215　戶名—心靈工坊文化事業股份有限公司
電話—02）2702-9186　傳眞—02）2702-9286
Email—service@psygarden.com.tw
網址—www.psygarden.com.tw

製版・印刷—博創印藝文化事業有限公司
總經銷—大和書報圖書股份有限公司
電話—02）8990-2588　傳眞—02）2990-1658
通訊地址—248新北市五股工業區五工五路二號
初版一刷—2014年1月　ISBN—978-986-6112-94-2　定價—420

國家圖書館出版品預行編目(CIP)資料

波瀾與細流：台灣婚暴服務初啓時 / 纓花著. --
初版. -- 臺北市：心靈工坊文化, 2014.01
面；　公分
ISBN 978-986-6112-94-2(平裝)

1.社會服務 2.婚姻暴力 3.臺灣

547　　102026760

心靈工坊 PsyGarden 書香家族 讀友卡

感謝您購買心靈工坊的叢書，爲了加強對您的服務，請您詳填本卡，
直接投入郵筒（免貼郵票）或傳眞，我們會珍視您的意見，
並提供您最新的活動訊息，共同以書會友，追求身心靈的創意與成長。

書系編號－CA078　　書名－波瀾與細流：台灣婚暴服務初啓時

姓名　　是否已加入書香家族？ □是 □現在加入

電話（公司）　（住家）　手機

E-mail　生日　年　月　日

地址 □□□

服務機構 / 就讀學校　職稱

您的性別—□1.女 □2.男 □3.其他

婚姻狀況—□1.未婚 □2.已婚 □3.離婚 □4.不婚 □5.同志 □6.喪偶 □7.分居

請問您如何得知這本書？
□1.書店 □2.報章雜誌 □3.廣播電視 □4.親友推介 □5.心靈工坊書訊
□6.廣告DM □7.心靈工坊網站 □8.其他網路媒體 □9.其他

您購買本書的方式？
□1.書店 □2.劃撥郵購 □3.團體訂購 □4.網路訂購 □5.其他

您對本書的意見？

封面設計	□ 1.須再改進	□ 2.尚可	□ 3.滿意	□ 4.非常滿意
版面編排	□ 1.須再改進	□ 2.尚可	□ 3.滿意	□ 4.非常滿意
內容	□ 1.須再改進	□ 2.尚可	□ 3.滿意	□ 4.非常滿意
文筆／翻譯	□ 1.須再改進	□ 2.尚可	□ 3.滿意	□ 4.非常滿意
價格	□ 1.須再改進	□ 2.尚可	□ 3.滿意	□ 4.非常滿意

您對我們有何建議？

▲您的意見，我們將轉貼在心靈工坊網站上，www.psygarden.com.tw